U0452555

反独裁

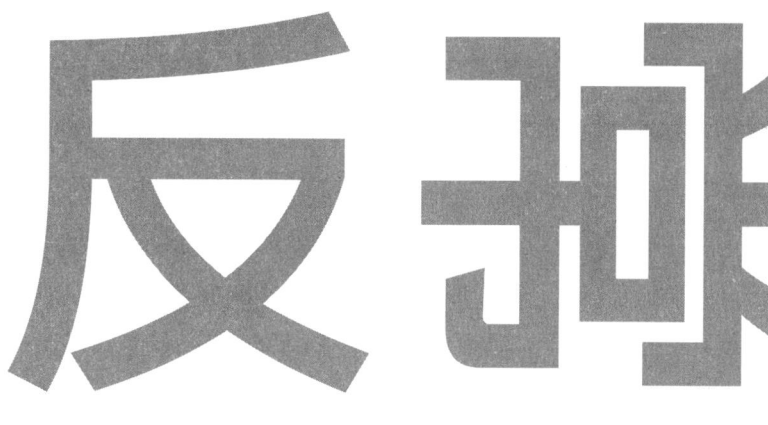

UNCOMMON
SENSE

[英] 马克·荷马（Mark Homer） 著
王正林 译

中信出版集团 | 北京

图书在版编目（CIP）数据

反常规 /（英）马克·荷马著；王正林译. -- 北京：
中信出版社，2023.3
书名原文：Uncommon Sense
ISBN 978-7-5217-5192-5

Ⅰ.①反… Ⅱ.①马…②王… Ⅲ.①投资—研究
Ⅳ.① F830.59

中国国家版本馆 CIP 数据核字（2023）第 023089 号

UNCOMMON SENSE
Copyright © 2017 by Mark Homer
First published in Great Britain in 2017 by John Murray Learning
An Hachette UK company
Published by arrangement with Peony Literary Agency
Simplified Chinese translation copyright © 2023 by CITIC Press Corporation
All rights reserved

反常规

著者： ［英］马克·荷马
译者： 王正林
出版发行：中信出版集团股份有限公司
（北京市朝阳区东三环北路 27 号嘉铭中心　邮编　100020）
承印者： 北京诚信伟业印刷有限公司

开本：787mm×1092mm 1/16　　印张：14　　字数：133 千字
版次：2023 年 3 月第 1 版　　　　印次：2023 年 3 月第 1 次印刷
京权图字：01-2022-6679　　　　　书号：ISBN 978-7-5217-5192-5
　　　　　　　　　　　　　　　　定价：69.00 元

版权所有·侵权必究
如有印刷、装订问题，本公司负责调换。
服务热线：400-600-8099
投稿邮箱：author@citicpub.com

前言

旅鼠是一种体型小、尾巴短、与田鼠类似的健壮的啮齿类动物，常见于北极苔原地区。"旅鼠"这个词还用来形容这样一群人，他们"人云亦云，尤其是匆匆忙忙一股脑儿踏上毁灭之路"。许多投资者和企业家就是这种人。他们盲目听从媒体、朋友以及所谓的"投资专家"的建议，进入在过去几年收益很好的投资项目，天真地以为这项投资将会带来不错的收益，让自己赚得盆满钵满。

在投资的初级阶段，旅鼠投资者对投资既感到安全，又觉得兴奋，但突然之间，他们会跟随大多数人一起跌下悬崖，这类似于在财务上集体自杀。以上定义中的关键词是"盲目"，也就是说，没有经过尽职调查，没有掌握知识，没有进行研究，或者毫无经验。旅鼠在盲目做出决策时，依据的是这样一种假设：如果其他人都在做这件事，那一定是对的。如果错了，也不要紧，毕竟人多势众。这样看起来不会显得太愚蠢，而且可以轻易地指责别人。

这种现象当然并不罕见，也没什么启示性。只要我们作为一个物种，具有足够大的规模，足以成为某个群体或部落中的一部分，那么，"从众心理"就会通过人性与我们相伴相随。人多就保险的感觉，是一种现实。在现代生活中，这种从众心理已经转化为互联网、主流媒体以及社交圈子。人们的观点被集中起来，不再保持个人的独立性，因此，大众舆论很有分量，可以迅速改变方向，并且有着强大的势头。但是，这种大众舆论并不总是能够很好地在商业和金融投资中转换成盈利，因为它通常是错的。如果大众舆论是对的，那就不存在"反常规投资者"了，每个人都能"做好"。此外，大众往往会听到最响亮的声音，并且盲目地受其影响。然而，正所谓"有理不在声高"，人们在表达观点时声音洪亮，并不会增大其观点的价值或有效性。事实上，从本质上讲，最响亮的声音，往往表达着与现实相去甚远的观点。

大多数人不会去独立地寻找高质量信息，而是只把其他人的行为当成自己实际行为的指引。在商业和投资中，一大批人对资本和市场的趋势怀着旅鼠般的那种盲目信念，这可能导致繁荣-衰退的循环、对资产的错误定价，以及使个人做出错误的商业和投资决策。

我不想跑题太远，但是，理解人们为什么会有这种心理，一定能帮助我们正视它的好处和不足，并帮助我们了解需要熟练掌握的思考过程与本能，使我们在商业和投资中获得成功。毕竟，如果像旅鼠般的从众行为在现代商业和投资中如此危险，为什么它一开始会发展起来呢？它还有什么别的用途呢？

根据《今日心理学》(*Psychology Today*)杂志刊登的一篇文章,从众行为的发展,实际上有益于个人而非群体或社会:

> 我们过去常把社会群体想象为根本的合作实体,但对有些类型的群体而言,事实远非如此。实际上,关于从众行为的最知名的生物学理论是威廉·汉密尔顿(William Hamilton)的"自私的群体"理论,该理论指出,从众行为是个人试图让其物种中的其他成员而非其自己被食肉动物吃掉的结果。
>
> 迈克尔·E. 普莱斯博士(Michael E. Price)

普莱斯的观点表明,从众行为在很大程度上是一种保护自我利益的自私行为。如果我们选择相信普莱斯的观点,那么,从众行为之中蕴含着某些常识(和非常识),特别是因为它服务于个人为求生存以及在现代社会中为求社会接纳而遵从大众的这种利益。这很有讽刺意味,因为在商业和投资等大多数领域,完全是相反的情况(也就是说,在这些领域,要想求得生存,就不能从众)。但从众行为的主角却看不明白这一点,或者至少是由于对他人的接受与拒绝产生了太过强烈的情绪而心生畏惧。我们的原始本能的进化速度,比不上现代社会发展的速度。从众行为并没有体现在商业和投资中发展与繁荣的需要,而是依然在基本的生存层面保护着我们自己。

普莱斯说,从众行为始终存在的另一个可能的原因是,采取这种行为的群体成员更容易受益于群体中其他成员已经获得的知识和掌握的情况,例如,后者也许已经知道了资源所在的位置。"因此,从众行为可能会提高个人搜寻成功的概率……是个人追逐其自身利益的副产品。"

这种行为在现代社会中得到了发扬光大，并且在有的时候确实有益于我们自己。你如果想看场电影，会看影迷评价最好的和推荐的电影。你如果希望自己的东西在亿贝（eBay）网上畅销，会仔细察看买家的反馈。假如想招聘某个人，你会和他以前的老板和同事聊一聊。采用这种方法，你将极大地减少失败或决策失误的风险，而且最大限度地减少投入的时间和造成的浪费。人们总是将同样的逻辑有意和无意地运用到金融投资事务与决策中。他们着眼于节约时间以及从社会中获得经验，这个概念通常被称为"社会认同"。在某种程度上，观察大众的行为是符合逻辑的，也是一种常识，但在商业和投资中却适得其反，因为这会将你的资金置于危险境地。当你的资金危如累卵时，整个游戏都改变了，其他变量将开始发挥作用。这些变量包括：

- 资产交易中的从众行为将会影响（推高）价格。
- 大众的综合知识与经验，不具有足够的深入性、专业性或者针对性。
- 盲目者引领盲目者。
- 现代商业和投资环境，比基本的生存环境更加复杂。
- 社会压力，担心被拒绝或者被当成"格格不入的人"而受到人们的批判。

大多数投资者在进行投资时，往往只掌握了有限的信息和经验。他们可能以为别人拥有更优质的信息，更加富有经验，能够拯救他们，因而依据别人的行动与社会认可度来决策。换成依赖其他影迷的电影评论来决定看什么电影，这是可以的，因为在这个方面，亏损的风险很低，最多只是浪费了一两个小时的时间，但在商业和投资中，相关的风险很高，不能把别人的方法直接照搬过来。由于我们不论走到哪里都可以采用线上和线下的方式获取大量的信息、营销内容和广告，因此大脑已经适应了通过归纳信息或寻找捷径的方式来节省时间。如果做不到这样，那就惨了，那些过量的信息可能会从我们的耳朵里喷涌出来，因为大脑装不下了。

在寻求这种利用别人的经验来节省时间并顺从"社会认可度"的杠杆撬动作用时，大众将从众行为与"自私地从众"结合起来，往往依据下面这四个理由来做出他们的商业和投资决策：

- 他们认为大多数人在做的事情就是正确的事情。
- 将节省时间摆在比寻找最佳投资更优先的位置。
- 担心在其他人看来自己很无能，也很在意其他人对自己的看法。
- 现在感觉很好。

我们刚刚已经阐述了上述理由中的前两个理由。

第三个理由，也就是担心别人的看法，通常是在商业和投资中实现可持续成功的绊脚石。如果某个人为了让自己在别人眼中不至于显得愚蠢而做出决策，而不是根据什么投资最有可能产生最大回报来做出决策，那么这个人也许就是旅鼠投资者。例如，假如你输掉了一个其他所有人都下注了的赌局，大家在结果出来之前全都认为这是板上钉钉的事情，那么，即使你和大家一样失败了，你看起来也不至于比别人更无能。但是，如果你输掉了一个人人都知道并且无人下注的赌局，因为所有人都认为这是一个毫无成功希望的风险极大的赌局，那么，看起来造成你的损失的原因就是技不如人。这种被他人接受（或者不被拒绝）的强烈的情绪需要，使大部分人损失了财富。从长远看，人们必须真心拥抱和熟练掌握这种恐惧心理（害怕在人们面前显得无能和不被人们接受），才能取得成功并保住财富。从短期看，人们必须远离风险并且显得愚蠢。你能做到吗？你做好想要试一试的准备了吗？如果是这样，请继续读下去。

第四个理由，也就是即时满足的需要，这是一种对你的财富非常危险的威胁。人的情绪是强烈的，也是成瘾的，因为它足以压倒逻辑和推理。大脑产生上瘾的化学物质，一定会使我们根据自己的情绪采取行动并在某些情况下不去压制这些情绪。例如，我们频繁地让情绪引导我们对自我保护、生育、睡眠、感受幸福等方面的需要。但在商业和投资中，大量的这类情绪将压倒明智的、经过扎实研究的决策，并使之变得无效。正如我们可能对白糖上瘾那样，我们也可能对幸福感、他人的接纳以及妄自尊大的感觉上瘾。对他人如何看待我们的决策、我们是不是被他人接受和喜欢，以及是不是对"付出"感觉不错等，我们都会产生情绪，假如让这些情绪来驱动投资决策，将影响我们的财富。人们没能成功，直接的原因常常是他们让自己的情绪，而不是让事实、研究成果、风险消减策略以及价值来驱动决策。

我每天都看到的一个简单例子是人们怎样根据以下要素来做房产投资决策：房子的外观、他们是否会住在里面、房子是不是新的、其他人对它的外观及位置的评价、花里胡哨的宣传小册子，以及拥有度假与投资两用的房产将使自己觉得很有身份，等等。这几乎都是错误的房产投资方式。那些无人居住的房产的价值，通常会由于装修陈旧的问题而被低估，而且，这些房产并没有坐落在具有升值空间的最佳地段，并且存在一些需要解决的问题，所以肯定不会像我们住在其中的房子那样翻倍升值。我在从事房地产投资的早期，买入了一些你可能觉得又旧又丑的家庭住宅。但据我的经验，它们表面上看越是糟糕（装修和装饰糟糕，而不是建筑结构糟糕），便越能赚钱。而这样的房产，你肯定不可能把它拍成照片放到光鲜漂亮的相册里并在私人会员俱乐部的聚会中炫耀一番。

总的来说，普莱斯博士指出，从众行为作为一种个人策略也许看起来是明智的，但当它与太多的乐观情绪结合起来时，再加上缺乏信息，将在系统的层面上变得十分危险，可能导致令人震惊的市场崩溃。投机者常常以为，其他人掌握的信息比他们的更多更好，因此会根据其他人的行为来决定自己的决策。市场体系中之所以会有泡沫，究其原因，也许反倒不是由冒险的个人所产生的，而更多的是由选择自己认为安全的策略所导致的，这种安全策略便是：跟随大众。

当今世界，信息已成为一种商品，时间是我们最宝贵的稀缺资源，我不想用闲谈或夸大其词来浪费你的时间，你也不需要再听18个小时的音频或者费力地读完500页的书来从中挑选一些你需要的真知灼见。在这本书里，我将耐心解释你应当在某个资产类别中花多少时间、投入多少资金来研究、分析，以及你可以和应当节约、利用多少时间或者将多少任务外包。我还会帮你辨别那些浪费盛行的关键领域，并介绍节约时间的重要策略，这能使你从战略层面思考怎样将时间投入能为你带来最大回报的商业模式和资产类别中。

本书将是简洁明了且直抵要害的。它是坦率的，多数时候侧重于商业和投资的错误以及消极方面。这并不是一本让人兴高采烈、拍手欢迎的个人发展类图书，在现实生活中，我们每天都得应对诸多挑战和干扰，如果回避它们或是因它们而出错，对明智的投资者以及想要面对现实的读者来讲，无异于帮倒忙。这本书介绍的一些事实并非毫无价值，它还提供了关于如何做出明智决策的有根据的且不带偏见的信息。总体来讲，我对商业和投资非常看好，既将其当作一种热情，也将其当成一份职业。我希望这本书传递出这些信号，但是，只有你才能判断我是否做到了。如今的时代令人兴奋，我们拥有前所未有的机会来投资和利用新的平台与技术，但我们必须扎实地走好自己的路，保护我们的资本与资源，学会通过反常规投资策略来以最佳的方式获取财富。

目录

第一章
什么是反常规 001

反常规理念的5条原则 003
运用反常规理念去经营和投资 009
什么时候需要反常规 013
投资产品容易卖出时，可能不对劲 018
"体现在价格中"与"真实价值" 023

第二章
普遍的错误观念 025

大多数资产不赚钱 027
一些不可靠的投资类别 035
一些投资诈骗套路 043
关于信任与怀疑 048
依靠直觉做决策 055
媒体炒作 059

商业中的错误观念　　066
财务管理中的错误观念　　091
投资中的错误观念　　104
在商业和投资中真正奏效的方法　　116
所有人在商业和投资中面临的挑战　　121
节省时间与投入时间　　127

第三章
反常规投资策略与方法　　131

投资的4条重要策略　　133
受监管的与不受监管的投资　　138
我的投资策略　　142
成为反常规投资者　　150
我所依赖的盈利策略　　159
如何建立、发展和壮大企业　　164
模式融合与超级专业化　　180

第四章
投资者和企业家如何保持自我精进　　185

我信任和不信任的投资和经营建议　　187
你是哪种类型的投资者或企业家　　196
投资者和企业家自我精进的3个步骤　　201

后记　　207
作者简介　　209

第一章
什么是反常规

在这一章,我将讨论最重要的和经久不衰的理念、错误观念以及现实。我的目的是介绍那些能够经受住时间检验,在未来20年里仍和今天一样重要的概念。我将深入探讨一些诡计和骗局,以教你保护自己的资本安全;还将深入而详尽地剖析商业和投资中的一些错误、教训与成功经验,并且引用一些竞争者和我个人的经历作为例子,使你获得均衡的观察视角。

反常规理念的5条原则

如果让我为商业和投资中的反常规操作创造一种理念，并且分析怎样通过反常规操作而获取利润，那么，这种理念与分析必定会受到大众传媒的质疑，也与普通人的意见和行为相左。尽管你应该关注主流媒体的新闻和观点，但还得自己开展调查和研究，寻找与众不同的信息与策略，这些信息与策略未经他人利用、没有被人炒作过、具有其他人尚未发现的价值。不要为了逆向投资而逆向投资，也不要过早地创新，这样你才能从隐藏在大众中的价值里获得更多的利润。运用这种理念，一旦某些资产开始被大众所了解，通常是在它的价值显著增长并被媒体大肆炒作之后，你还将从它的身上获得越来越多的价值。

反常规理念基本上包含5个部分：

1. 对主流媒体的新闻和观点稍加关注。
2. 自己开展调查和研究，寻找与众不同的、未经利用的、不加炒作的、具有其他人尚未发现的价值的信息与策略。
3. 不要为了逆向投资而逆向投资。
4. 不要过早地创新。
5. 寻找隐藏在大众中的价值。

对主流媒体的新闻和观点稍加关注

有些成功人士养成了"不关注大众媒体"的习惯。虽说我理解他们为什么想保持积极心态，并且不受大肆宣传和夸大炒作的影响，但我还是觉得，密切关注时事很重要。综合新闻与政治时事将影响股票与资产的价格，也会对你的企业产生影响。因此，它们是商业与投资的重要组成部分。你必须对每一个新闻源头都予以适度关注，把握好分寸，认真对待可信度高的新闻，同时对那些哗众取宠的新闻也稍加关注。在本书后面的内容中，我将和你分享我认为可信且有益的信息获取渠道，也会告诉你我避犹不及的那些。

自己开展调查和研究

寻找与众不同的信息与策略，这些信息与策略未经他人利用、没有被人炒作过，并且具有其他人尚未发现的价值。

许多成功的商界人士都信奉这样的座右铭："观察大众行为，反其道而行之。"其中包括华特·迪士尼、沃伦·巴菲特和詹姆斯·凯恩。如今，这种观念比以往更加深入人心，因为那些有着超多机会接触主流媒体的成功人士广受人们欢迎，也因为《龙潭》（Dragons' Den）和《飞黄腾达》（The Apprentice）等创业真人秀节目传递出的从商之道和创业精神而受到人们青睐。这将引出下面的观点：但现在，你要确保自己只是对所有大众媒体的观点、评论与建议稍加关注，自己开展尽职调查和研究，并且在那些看起来没有被人利用过但有着固有价值的利基领域中自学成才。

不要为了逆向投资而逆向投资

为了使你不至于为了逆向投资而逆向投资，我们得先阐明逆向投资的定义。逆向投资者是指拒绝采纳受欢迎的意见或当前普遍的做法的投资者，不论它们多么受人欢迎。我相信这在商业和投资中是一种有益的心态与策略，这是因为，假如人人都觉得某种资产很好，那它可能估价过高了。通常情况下，当某种资产大受欢迎时，许多人已经买入，而且买入的价格还会附有一定的溢价。人们对某个资产类别的情绪越是高涨，该类别中的"泡沫"也就越多。此外，人们对它的远期价格抱有期望，而它却没有任何实质价值。当市场急转直下时，泡沫会迅速破灭，你会发现，原来买回家能冲满满一杯的咖啡，现在也许只能冲半杯了，泡沫在破灭的过程中，会带走资产的大量价值。

"逆向投资"本身已成为一个概念，被沃伦·巴菲特等一些投资者所采用后普及开来，或者是由于人们对他这个人的推崇而大受欢迎，因此，这个概念开始产生吸引力，逐渐成为主流。一旦某种做法可以被"定义"，那它也可以被复制，于是，大众不可避免地成群结队涌进来。逆向投资的概念越是得到广泛宣传，采用这种方式投资的人便越是不能被称为逆向投资者。这是一个悖论，正因为如此，我在向你们介绍我的投资策略时，并不是将它描述成一个专有名词，这样做并不全面，而且我介绍的投资策略也不能简单化，一旦它们被贴上了某个标签，人们可能会盲目地遵从，这样一来，它们的有效性也会因此下降。由于大多数企业领导者和投资者没能做到在较长时间内持续成功，因此，你要与大众的做法背道而驰，这才是我们应当给逆向投资下的定义。要因为去做别人没做或是不能做的事情而成为逆向投资者，而不是只为了这个头衔而成为逆向投资者。

不要过早地创新

如今真的可以说，你可能在商业模式或投资中"早"了一点。当然，这样说也不会给你带来生命危险，但你如果在1695年提出了互联网的概念，可能会被绑在火刑柱上烧死。假如你的商业模式或投资理论太过复杂、过度依赖极其先进的高科技，或者遇到了来自竞争者的强烈抵制，那么，最好是搁置一段时间，等一等再说。

关于那些过早创新的公司，我这里有一些刚开始很有名，后来却销声匿迹的例子。还记得搜索引擎"Ask Jeeves"吗？还有，生产早期的掌上电脑和平板电脑的那家公司现在还在吗？如今，这个市场已被苹果公司统治。在 Go Corporation 问世之前，LetsBuyIt.com 网站就在从事团购业务。在云计算出现之前，LoudCloud 也在推广云计算。

当然，充当先行者或者很早就进入某个市场，也有一些好处，那便是竞争不太激烈、价值更高、拥有更大的增长空间，但是，由于未经测试、证实、了解或测量，过早进入也有着巨大风险。你通常只是听说了某些创新大获成功进而改变世界的故事，却没有听说过成百上千的失败案例。事实上，如果你关注那些极其成功的案例，也会发现，脸书并不是世界上第一个社交媒体平台，苹果公司并没有生产出全球第一台智能手机、电脑，也不是第一个音乐分享网站的创建者，亿贝和亚马逊同样不是互联网世界第一家在线拍卖或零售网站。你最好是常常关注"2.0版本"的创新，先按兵不动，仔细观察一番，了解并注意它们怎样发展以及能不能顺利熬过那些艰难的初级阶段。对它们进行反复测试，不要害怕在测试阶段"烧钱"。通过他人的错误来进行学习，一旦那个概念得到了证实并基本上消除了重大的风险和错误，就马上进入。

寻找隐藏在大众中的价值

价值是潜在的利润，因此并没有被充分提取出来。它本身是隐藏在大众中的，你怎么才能找到那些隐秘的瑰宝？你能采用不同的方式观察某个资产类别吗？你可以全面地分析某个新的资产类别吗？你能不能反复运用某种策略，它基本上成形，却缺失了某个关键的组成要素或者无法进行关键的优化？你能不能关注某个不同的领域，并且将你现有的模式带入这个新领域，作为一种不冒险的创新方式？

我喜欢跑步，因为这种运动能够让我的头脑清醒，使我做好准备应对一天中高强度的工作。在跑步或者开车时，我会讲究策略地绕一些远路，以寻找尚未被人发现的房产。也许它们刚刚上市，而且前一天还没有用板子围起来并标明"出售"；也许它们被树木遮住了，所以我以前没有注意到；也许它们已经面目全非、年久失修、外面挂了许多块"出售"的牌子或者标明"出租"。如果我可以第一个发现这些房产，或者更具体地讲，假如我能首先发现这些情况的变化，我就可能找到了隐藏在大众中的资产，它们的价值，正等着我去提取并变现。

> 遵循这5条来自"反常规"理念的指导原则，你将战胜商业和投资中盛行的错误观念，而且将通过逆向投资赚取丰厚的利润。

运用反常规理念去经营和投资

写作不是我天生的技能，我通常只在有许多人向我发出邀请的时候、我知道人们对我的文章和书有需要的时候，以及我知道我能给很多人带去足够大的价值的时候，才开始写文章和写书。如果我可以归纳我对商业和投资的思考，而且能够将这些思考传授给其他人，那我会说，很多人真的不知道他们自己在做什么。因此，我可以为你增加的最大价值，是逐一指出大量的错误观念，特别是那些广受欢迎的、属于"传统智慧"的想法。我会运用我的经验来使这些错误观念破灭，然后告诉你一些创意和策略来反其道而行之，并且获取利润，也就是说，做一些"反常规"的事情。

请注意，我会向你介绍我的主张，它们源于我从十几岁时就浸淫在商业与投资中的经验。我对这些行业有着真正的热情，并且将热情转变成了职业。我不会声称自己知道所有问题的答案，我也犯过错误（我会公开地跟大家谈论这些错误），不喜欢被人们贴上专家、大师或任何类似的标签，那样会显得我好像无所不知。我这么讲，很大程度上并不是为了免责而声明（不过，你在投资时当然应该寻求专业人士的建议），相反，我这是在表明我的态度：每个人时时刻刻都应当学习，应该始终当一名求知若渴的学生。反常规的理念，很大一部分是乐享探索别人没能找到的新机会的过程，这是一种永无止境并且令人兴奋的追求。

你的绝大多数潜在利润，存在于别人尚未发现或者尚未充分利用的各种资产类别、利基市场和商业模式之中，我将努力帮助你探寻它们。在这条路上，你将会面对各种诱惑你去追寻大众追捧的资产类别和商业模式的情形，而本书旨在教你怎样识别和避免这些诱惑，并且通过反其道行之而获取利润。

这本书并没有描述特别的投资建议，也不是对巴菲特、芒格或索罗斯的投资策略的老调重弹。我希望这是一本你无法准确给出定义、能够填补空白的书，它能经受住时间的检验，适合商业和投资的各个方面，而不是跳入某种时尚潮流之中。在各种周期、各类市场和各种模型之中，有一些基本的但不太为人所知的概念。无论人们是以同样的方式介绍它们还是重新包装一番，这些概念都基于人类与生俱来的行为。这将是本书的重点，因为我相信，财富的积累与投资，要靠长时间的持续努力来实现。没错，假如跟随大众潮流，你也可以获得昙花一现般的短期套利。假如这就是你想要的，那本书不适合你。商业和投资是我投入最大热忱的行业，为了能在这些行业中有所作为，我先是从自己的这些爱好中赚钱，然后非常幸运地将它们转变成我的职业。正因如此，我对短期的风险不感兴趣。

我希望你随着年龄的增长而不断成长，运用你过去投入的时间、金钱和知识，利用投资势头和复利的好处来构筑一个没人能够渗透的坚固堡垒。有些人会长期不断地侵蚀你的财富，他们的身份可能是税收官、批评家、高谈阔论者、前合伙人、竞争者以及监管者。你需要长时间保持这种继续盈利的势头，以帮助自己渡过难关。不要走那些即时管用却有损长期可持续性的捷径。要清醒地意识到，不论你的年龄多大，你的人生道路还很长，依然可以比你通常以为的更加耐心一些。我喜欢这样一句老话："大多数人高估了他们在短时间能取得的成绩，却低估了他们一生中能够取得的成就。"当人们问到巴菲特成功的秘诀时，他说，复利和伟大的基因是他的两个重要的成功因素。因此，充分利用长期的复利，不要摇摆不定，终将使你自己过上富足的生活。

反常规的心态

我认识一位波兰裔的承包商，他总能够"富于进取"地结交新的商业伙伴。他想方设法与自己的客户联系，并且为了承包更多的工程，想办法接近客户的生活圈子。在我的一位朋友即将结婚时，他提出自己为我的朋友"放烟花"，我们几乎不知道这意味着什么！

那天，他开着一辆卡车和另外两个人一起出席了婚礼。他们来到我朋友邻居家的门前，询问能不能在她家的花园里放烟花。由于婚礼是在欧洲最大的人工湖的一个半岛上举行，因此，烟花升到空中后，有足够的空间爆炸。我朋友的邻居一想到烟花爆炸后落下的灰尘可能会弄脏自己家修剪过的草坪，自然不太愿意答应这位承包商的请求，于是，承包商运用了反常规理念。他从口袋里掏出50英镑，作为使用邻居家草坪的酬劳。由于这个半岛上的房产价值300万英镑左右，因此邻居看起来稍稍有点不好意思地说道："哦，不，我不要你的钱。"并立马同意承包商使用自家的草坪。看起来，承包商仅仅是提供了一定的酬劳，便促使那位邻居同意使用花园来燃放烟花。一会儿工夫，三个波兰人就到花园里忙碌地安放起烟花来，这些烟花，简直可以被称为"波兰进口弹药"。

夜幕降临时，烟花表演开始了。参加婚礼的宾客对表演赞叹不已，其规模也许和伦敦千禧年庆祝活动的表演规模一样庞大。许多宾客要求见一见这位承包商，他因此和很多人建立了联系，这给他带来了价值数百万英镑的建筑项目。他做了其他人不会去做或者不知道怎么做的事情：突破界限，敲开邻居的门，说服邻居同意他们在草坪上放烟火，献上了一场铺张华丽的烟花表演。这在很大程度上是反常规的心态，尽管在这个案例中也许有那么一点点瑕疵。

什么时候需要反常规

当大众盲目地成群结队采取行动时，一些连贯的警示标志会出现。在你开始辨别和理解这些行为模式之时，将这些标志作为一个信号，提醒自己应当按兵不动或者逆向而行。重要的是要明白：尽管最洪亮的声音往往会对大众运动产生最大的影响，但很多时候，这些声音也错得最为离谱。

当出现下列几种情况时，请看管好你的资本。

你身边的人为你提供买股票的建议

这是一个表明市场中有太多参与者并且大幅下跌的可能性越来越大的明确信号。人们粗鲁地称这个时候进入市场的资金为"傻钱"。当那些没有经验的甚至以前并未对某个资产类别表现出兴趣的人向你免费提供投资建议时，你一定要慎之又慎。

股票已在数年时间里稳定地实现高增长

从某个资产类别中提取价值的最佳时间是在交易惨淡、市场贫瘠的时期。然而，这对大众来说没有吸引力，大众会对已经得到证明的持续增长做出反应，这是常识。所有这些长时间内保持稳定高增长的股票，只会让独立财务顾问或投资顾问更容易推销他们的业务，这打开了大众争相涌入的闸门。已经证明的收益出现的时间越长，这种新闻的传播就越广泛，匆匆忙忙做出投资的并不老道的投资者也就越多。随着时间的流逝，这推高了价格，却降低了股票价值、股东权益或者利润。市场总在不断波动，要么反应滞后且价格上涨缓慢，要么出现了定价过高的价值。这几乎无法找到平衡，通常情况下，收益上涨的势头减弱后，不可避免地会出现一轮急速的下跌。

公共汽车和出租车上出现了投资基金的广告

广告商会挑选某只过去几年表现优异的基金，并告诉你，它的历史回报很高，因为它是最容易卖出的基金。广告商把广告张贴在公共汽车、地铁以及能买到广告位的任何地方。人们一般的看法是，某只基金如果在一年、三年或五年内表现优秀，那就是只值得买入的好基金，但这种看法常常是错的。当基金有这么多资金投入主流媒体来打广告造势时，通常意味着它的回报不但高得不切实际，而且不可持续。这种靠炒作制造出来的高回报不会持续太长时间,而且很可能"充分体现在价格上",也就是说,已经被定价过高了。

被宣传和吹捧的热点

公众往往受到下一个即将出现的讨论热点的吸引,而且容易相信他人的推销。好比一只一直表现优异的股票那样,假如股票的价格多年来稳定坚挺,你再想买入,可能为时已晚,而且它的大部分内在价值已经消失。每个人都喜欢这样一种想法:抓紧利用某个金矿般的热点来赚钱,而普通的投资者会对以下几种推销惯用的话术信以为真:

- "横轨城铁将在5年内建成。"
- "一旦这里建成了横轨城铁,租房者和伦敦上班族房主的需求将十分旺盛,这将力推房价上涨。"
- "奥运会马上就要举办了。"

在2012年奥运会举办前夕,斯特拉特福成为新的热点。这个地方如雨后春笋般冒出了许多新建的公寓,以满足奥运会这一可预知的未来需求。权威人士也在造势。和所有的热点一样,这些新建公寓的价值增长,已经被开发商提前体现在价格之中,由于这种迅速获取利润的令人炫目的诱惑,这些公寓几乎不费吹灰之力就被卖掉了。大众被纷纷吸引进来,丝毫不怀疑这些房产是否容易转手出售。还没等你反应过来,大众运动的势头就变得越来越势不可当,价格则进一步飙升。只有那些一开始就做对了的人，才在市场还没有被炒作得太火的时候赚到了持续的利润。这些早期的投资者发现大众运动正在推高房价时，马上退出市场并变现，因而通过反常规操作获取了利润。

在海外进行"度假住宅投资"

"投资度假住宅，夏天自己住，其余时间出租"是招揽生意的说辞。真实的情况是，一年之中只有几个星期才能租出去（如果你幸运的话，也许能出租几个月）。当别人想租住的时候，恰好也是高峰季节，而此时你正住在房子里。如果房子是新建的，你在最高价的时候购买了新房，那么，它的价值已经体现在你支付的价格上了。英国人喜欢购买房产，甚至更加热衷于假日住宅的投资。在海外某个最好是"面朝大海、春暖花开"的地方拥有一套住宅，对所有英国人来说都是梦寐以求的，尤其是如果能够轻松获得抵押贷款的话。我会在接下来的几节里更详细地探讨"充分体现在价格上"的含义。如果某种投资距离遥远、难以理解、是新的并且定价过高，完全符合情绪化销售，那么，它很可能诱引旅鼠投资者争相投资。

利率低

当利率较低时，会制造一种虚假的信心。这是因为人们并没有将真正的、长期的、平均的财务成本考虑进来。没错，利率低对现金流更好，但你得假定低利率只在短时间内出现，而不是常态。这尤其会影响买车。如果人们的储蓄账户里没有任何积蓄，他们宁愿为购买某件看得见、摸得着的物品而更多地赚钱，这意味着他们想投资于真正的资产类别。但有些时候，人们会说服自己相信汽车也是一种资产，因为他们不需要开展尽职调查或者不需要投资技能也能发现，汽车的价格"偶尔"会走高。不过，许多人是为了安抚他们的自尊心而买车，除了炫耀之外，再没有什么让他们感到高兴的。当正常情况下会大幅度贬值的新车的价格依旧坚挺时，要多加小心。比如，2016年[①]，许多较新的不限量的法拉利和保时捷汽车的价格仍然在走高。

---

① 该年英国全民公投决定"脱欧"。——编者注

投资产品容易卖出时，可能不对劲

某项资产或业务越是容易卖出，对大众的诱惑也就越大。我并不是说容易卖出的东西就不能买入，只是说它们之中包含的某些一致的属性，到最后可能使得资产或业务贬值。例如，一项容易的投资可能吸引太多毫无经验的投资者或竞争者，而这两种人都将冲淡该投资的边际利润。

使投资产品易于销售的常见属性包括在国民心中根深蒂固的宗教、文化、习惯以及信念。其中很重要的一个是情绪，想一想孩子怎样在幕后操纵着父母的情绪。例如，一位母亲出于对孩子的爱，不惜花300英镑买辆折叠式婴儿车。另一个常见的例子是性。虽然我无法肯定，将来某只最新推出的基金会请来某位国际级超模，穿着性感内衣并且挂着"现在买下我"的广告牌，以此作为一种极具诱惑力的销售策略，但这些常用的手法值得在这里提一提，以便你能发现并避开它们。你是根据基本面来购买，还是根据自己的情绪或者长久扎根内心的执念来购买？

针对反常规理念以及通过逆向投资获取利润的做法，这里介绍几个在商业和投资中出现的信号，它们将表明某项投资在什么时候易于出售，因此可能不太对劲。

1. 市场的表现胜过市场的成长，而且得到了证明。

市场获得难以持续的高回报的时间越长，你可以买入某项资产的内在价值或增值能力的可能性就越小。某一业务越是成熟，它就越难进入，也越难保持良好的利润水平。这方面的一个典型的例子是广告，在广告中，专业投资人士将这些固定的收益介绍成衡量该投资产品将来可能会发展成什么样子的标准。反常规的现实是，市场的表现胜过市场成长的时间越长，那就离它可能会到来的调整越近。

2. 社会证明（名人或大众的代言）。

这可以与上一个指标相联系，除此之外，只要你看到许多名气大的、不相关的名人在代言，或者有位"天使"在说"每个人都在做，因此你也应该做"，那么，这也许是价格和利润不可持续的信号。

3. 大众媒体使得某一资产类别广受欢迎。

这包括人们不问什么原因，就是天生喜欢的资产类别，例如，英国人喜欢房产，中东地区的许多人喜欢黄金。当一种商业模式或投资类别已经在国民心中根深蒂固时，便为情绪化的推销提供了沃土。如果其在通俗小报上盛行一时，那么，是时候采用并坚持反常规的理念了，而不要管大众给你带来多大的压力。

4. 易于融资（且融资成本低）。

当资本在自由流动，人人都可以获得贷款或抵押贷款时，离市场的调整也就不会太远了。在持续的一段时间内，某些事情越是变得更好，人们便越会忘记它们过去的危险，银行和金融机构也会把越来越多的资金贷给那些以前没有资格获取贷款的人。它们这么做，是为了达到配额和市场份额，也为了将贷款额度与竞争者的额度相匹配。在2007年次贷危机来临之前的高峰期，有一种贷款被人们幽默地戏称为"三无"贷款，意思是"无收入、无工作、无资产贷款"。当贷款的比率过高且银行十分愿意放贷时，当你认识的那些本不该获得贷款的人似乎也能免费获得贷款时，你就要多加注意并谨慎行事了。

5. 情绪的拉动。

度假住宅投资、让你吓得要命的人寿保险，以及通过绷紧你们做父母的心弦而销售的产品，都很容易卖出。我们在购买了这些产品之后，可能会用一些经不起推敲的逻辑来证明购买它们是合理的。

6. 新的/技术概念的/首次的。

如果某种产品或服务首次出现，它将作为接下来的重大突破而变得容易推销，如暴风般横扫整个市场。这在高科技领域格外容易做到，新的或首次推出的产品或服务成为令人眼前一亮的宠儿。所有的产品或服务，似乎都是下一个脸书或者被炒作成新的利基市场中的优步（Uber）。只是，这种情况即便出现了，也将十分罕见。像亚马逊和谷歌之类的公司是极其罕见的，因此，不要被受欢迎的故事编造者迷惑了。人们常问我，如果我可以回到过去并再次创办我的公司，我会怎么做。我告诉他们，有了"事后诸葛亮"的帮助，我会在脸书和谷歌刚一问世时就买下它们所有的股票。要是真有这么简单就好了。

7. 稀缺。

"你得赶紧行动，现在立即行动，否则将错失机会。"我们全都可能被卷入这种常见的稀缺销售策略中。例如，苹果公司运用人们害怕错失机会的心理为新款手机的推出造势，使得人们连续几天去排队购买。要当心你的情绪，当你觉得自己被情绪拉着要做一个临时的决定时，问一问自己到底是根据逻辑与分析结果来行动，还是依照你内心的恐惧情绪（害怕错失机会）来行动。

8. 夸大其词。

"买房出租已死（价格下跌5%或10%）""买房出租正在兴起（价格上涨5%）""股市已崩塌（下跌5%）"，媒体为了能卖出报纸而热炒和大肆渲染这类信息，在两个相反的方向上制造了两个极端。一般来讲，现实远没有媒体描述得那么极端和令人兴奋，因此，要始终明白这些都是夸大其词，并且要透过层层迷雾看穿它们。

> 我想重申一下，我并不是主观地判断所有的销售都不好。事实上，只要你说的是真的，那么，使用这些得到证明的方法来销售你公司的优秀产品与服务，是明智的做法。在这里，我的目的是让你知道你正在做什么，能够将情绪与逻辑区分开来。这是一项至关重要的技能，将使你能够做出给自己带来最大的可持续回报的投资决策。

"体现在价格中"与"真实价值"

当人们认为某件产品或服务的价值将来可能会上升时,越来越多的人便开始投资或买入,从而也推动了它的升值,这反过来使得它的价格超出了"真实价值"。类似的现象被乔治·索罗斯描述为"自反性"(reflexivity):

> 在经济学中,自反性指的是市场情绪自我增强的效应,借助这种效应,上涨的价格吸引着买家,而买家的行为又推动价格进一步上涨,直到这个过程变得不可持续,与之相反的同样的过程开始启动,最终导致价格出现灾难性下跌。这是正反馈回路的一个例子。
>
> ——摘自维基百科

由于价格已经对人们的预期做出了反映,因此,任何上涨的潜力在很大程度上已经消失。"期望理论"是指当事情如人们期望的那样发展,而不是遵循它的基本面、基本原理或信息来发展,由于这样的特性,发展绝不可能实现均衡,而有效的投资,则变成一种自我应验的预言。

这方面的一个典型的例子发生在2016年。当时,许多金融公司认为,假如英国全民公投退出欧盟,英镑的价值大约会下跌15%。第二天上午,这种情况果然发生了。这次下跌并不是由于英国的资本账户一夜之间发生实质性改变而造成的;相反,它在很大程度上归因于大众对这次下跌将会发生的预期,而且还归因于这样的预期——为避免经济衰退,政府需要调低利率,以放松货币政策。

情绪、恐惧、贪婪、大众运动以及势头,全都影响价格,要么将价格推高,要么使价格走低。假如你过于自信,由于公众和市场的预期以及自反性,你拥有的资产的价值将被远期定价,也就是说,以现有的滞后值来确定未来的价格。"真实价值"是指没有这种"泡沫"的情形,甚至更好的情况是,对市场缺乏信心以及"逆"自反性,或者对前景不抱什么期望。这还会以与"体现在价格中"相反的方向来影响价格。这个时候,通常是买入投资产品或创办企业的黄金时期。

均衡是指当资产的供应与需求恰好一致时资产的价格将达到的状态。这种情况很少出现,因为恐惧和贪婪的情绪总在推动着资产价值更接近极端而远离均衡。

第二章
普遍的错误观念

　　在这一章中,我将详细介绍某些反常规的观念,然后深入分析我和其他人曾犯过的一些错误,以便你们从中吸取教训,减少风险,增加利润。从自己以及他人的错误中学习,使我们能够充分利用并受益于曾经做过的错事。人们普遍相信,最好的教训是通过错误和经验得来的,但我不这么认为。在我看来,代价最小的教训是从别人的错误中间接学来的。这正是本部分的主题,也是我希望你们最终能做到的。

大多数资产不赚钱

我担心这句话是真的,至少对大多数人来说是真的。大多数资产不赚钱,大多数房产赚不到钱,大多数股票还亏钱,大多数汽车亏钱,大多数手表亏钱。你明白怎么回事了吧。人们一般认为,某个投资类别要么赚钱,要么不赚钱。他们还同意这种观点:某种商业模式要么是座金矿,要么是一个陷阱。

其实,任何投资类别都可以赚钱,但只有在那个类别的特定的子利基或超级利基市场中才行,也就是说,这个利基市场广为人知、得到过验证,而且你在其中有着丰富的经验。我马上会给你介绍一个例子,但首先我们得明确资产是什么。要让我来解释,资产就是有价值的东西。我认为,重要的资产应当能够升值,并且通常能给你带来收入。和某些评论员的看法不同的是,我觉得你自己住的房子也是一项重要资产。在英国,随着时间的推移,住宅升值的速度可能比你购买时使用的抵押贷款的利息上涨得更快。

在投资时，现金流和净收入是要重点关注的两个重要因素。它们将保证你和你的投资在更加艰难的时期保持安全，也是你赖以生存的东西。债务是指任何产生负净值或者负现金流的东西。由于现金流是杀死企业的唯一真正的"杀手"，因此，你得像鹰一样紧盯现金流，还应当特别注意寻找和聚焦于能够产生正现金流的资产。

了解子利基市场：有关劳力士手表的案例

让我们来观察一下资产子利基的一个实例：手表。我猜想，大多数人都没把手表当成一个资产类别。不过，对投资的概念有着基本知识的另一些人可能认为，手表其实是一个绝佳的投资类别。我从来没有看到过主流的手表升值，最明显的代表是劳力士手表。对手表认识有限的人们认为，劳力士手表是很好的投资产品。但他们错了：大多数劳力士表都不升值，事实上，几乎所有的女式劳力士手表还会贬值。此外，差不多所有的劳力士正装手表都会贬值。同样的道理，几乎所有的劳力士标准款手表会随着时间的推移而贬值。唯一升值的是"运动款"的劳力士手表，但并非所有运动款都会升值。那些的确能升值的，刚开始时也全在贬值。唯一的例外是极其罕见的特定款式或限量版的手表，但那些手表，即使是专业的收藏家或投资者也很难买到。

我写这一小节，并不是为了故意混淆视听，而是为了阐明怎样来理解利基市场。我绝不是研究手表的专家，不过，我解释这个问题的思考过程，实际上可以运用到解释各种类型的资产类别或商业模式中去。

你一定听说过"运动款劳力士"会升值。你如果做过一些研究，会发现这些运动款手表是劳力士的海使型、深海海使型、潜航者型和迪通拿。再进一步调查，你会发现这些款式的手表是用钢、白金、黄金、玫瑰金以及铂金等材料精心制作的。它们还可能用各种各样的宝石以及众多的表带来装饰。接下来你还会发现，劳力士还推出了新的运动款手表，叫"天行者"。你通过研究将会发现，大多数黄金版本的手表似乎都跌价了，但在2016年时，价格却依然坚挺。不过，20世纪80年代制作的老式迪通拿黄金手表，到了2016—2017年时，能以当初零售价8倍的价格卖出，超过其最新价格的14倍。那么，黄金的运动版劳力士手表到底是不是一项好的投资呢？若你深入研究，便会发现，几乎全新的"天行者"黄金手表的价格是其零售价格的60%。那钢制表是不是会好些呢？假如你研究了深海海使型手表的价格，会发现，二手表的价格是新表价格的65%。但那只是2014年以后的事情，因为在2007—2008年的经济萧条之后，这款手表的价格更加坚挺。我们稍后再聊这个话题。

到这个时候，你可能已经明白，二手表似乎比新表更值钱。但是，你想投资的二手表到底是来自一位私人卖家，他经常戴着，因而戴旧了，还是来自一位收藏家，他把手表一直完好无损地保存着？或者，假如卖家是位经销商，能够提供售后保证以及手表的历史文档，又会怎样？此外，还有更多的事项需要考虑，比如，你应当在哪个国家购买二手劳力士手表。这可能取决于那个国家的货币状况以及对其他国家的货币可能存在的套利情况。事实上，根据不同的情况、价格、款式以及诸如此类的因素，也许你可以从所有这些国家中的任何一个购买，抑或在所有国家都不能购买。到底是以更高的价格买一块保留着包装盒、历史文档及收据的手表更好，还是以较低价格买一块没有任何购买证明（没有收据、包装盒、历史文档中的一样，或者这三样都没有）的手表更好？

假如是一块限量版的劳力士手表，好比导演詹姆斯·卡梅隆戴的那款深海海使型的"深蓝"，或者是某款手表的一个新版本（如铂金的迪通拿），那么，你是应当等着买二手的，以期待价格低一点，还是因为新表会有附加价值而买新表？假如是一款特定的限量版手表，比如专为特种部队制作的运动款，它的价格似乎已经包含了附加价值，那么，你是应当买新表，还是等待某位收藏家卖出的时候买二手的（假如收藏家会卖的话）？

在研究以前的劳力士运动款手表时，你就要问自己这些问题。我们以"单红"和"双红"海使型手表为例。"单红"的价值稳定上升，但并不显著，而"双红"的价值上升更多一些，尤其是在2015—2016年之前的几年里。也许你认为可以投资各种不同的、少量生产的或是新颖的运动款劳力士手表，乍看之下，这些似乎是很好的选择，但如果进一步调查，你会了解到，在附着手表的生产年份、表盘、标志等的手表型号、序列号/代码等方面，各种不同的手表可能多达数百块（劳力士不公布生产数量）。

你研究得越专业、越细致，也就会有更多发现。你马上会知道，随着运动款劳力士手表老化，它的"光泽"（也就是表盘褪色的差异）变得很重要。此外，最重要的是手表没有其他方面的瑕疵

（没有打磨过、没有更换过零部件，即使有的地方已经用旧了，或者出现了轻微的损坏），而且有时候，手表的传承（以前是什么人拥有它，它背后有什么故事）也会对其估价产生巨大的影响。

如果你还在看这本书，那么，我们已经将那些寻求快速而容易的、觉得可以"赌一把"的投资建议的人排除在外了。进行了如此详尽的分析和研究，我便获得了其他人并不具备的知识，也比别人对投资产品的理解更深了一层，我感到很兴奋。出于这一原因，我觉得重要的是买入你喜欢的商业模式和投资类别。这是可持续的，一定能让你产生最大的愉悦并摆脱工作与生活无法保持平衡的窘境。在后面的内容中，我将探讨你投资不同资产类别的三个选择。

> 如果你可以将你的热情与职业、工作与假期融合起来，那么，你便在做你当作爱好来做的事情，而且你还可以靠它来谋生（甚至赢得一笔财富）。
>
> ——罗伯·摩尔（Rob Moore）

总而言之，如果你着眼于投资手表，并且将其作为别的所有投资类别的一个类比，那就需要衡量各种因素，例如新的还是二手的，在哪里买二手的，它的历史与传承、证明与保修证书、新颖性、色泽、表盘、运行状况、供应商、材质、固有价值、需求、市场情况、购买的币种、受欢迎程度、名人代言、品牌，等等。只有在仔细考虑了所有这些因素之后，你才能做出是买入和持有、买入并转手卖出，还是持币观望的决定。

当你这样来细致分类时，从劳力士每年生产的100万块甚至更多的手表中，也许只有几千块将来能够升值——所占比例可能不到5%。在特定地区能够称得上优质投资的房产的数量，也是这种情况。正如历史已经证明的那样，几乎每套房子的资本价值年年都会增加，但即便如此，大幅增加的情况还是不多见。成功卖出而且将会升值的画作的数量，以及股市中价格能够稳定且持续上涨的股票的数量，同样如此。另外，能够在三年、五年或十年中仍然保持成功的公司，亦不多见。

但是，不要让这些分析结果捆住了你的手脚。这好比是引领你进入利基市场或投资类别要交的入场费，也好比是将你的大多数竞争者挡在门外的看门人。详尽细致的分析，能够让你在更长时间更轻松地留在游戏中，不至于过早被淘汰出局。知道了在每一种资产类别中大多数投资不会带来回报，有助于你重点关注反常规理念和那种远离全民歇斯底里症的搜寻投资的方法。好比旧的劳力士手表，它看起来很平常、没有特色，但具有得到证明的和可持续的剩余价值，也好比那些让其他人放弃投资的又脏又丑的房产。此外，还好比不起眼但能够长时间带来巨额回报的烟草公司，不过，你可能会在选择这类投资时做出你自己的合乎道德的决策。

让你的资产赚钱：有关路虎的案例

大多数资产不赚钱，但少数几种资产不但赚钱，而且还会持续赚钱。问题是，大部分人不知道它们是什么或者怎样用它们赚钱。

当我们转向提供课程和研讨会这个行业时，清楚地发现我们需要交通工具来把所有的喇叭以及其他必需的设备带到并搬离酒店。我注意到,由于信贷已经开始紧缩,路虎揽胜的价格急剧下跌,而且汽油版本特别便宜。我觉得,购买一款人人都想甩手卖出的车,可能是一种反常规。尽管我知道汽油版本非常便宜,但还有一种液化石油气转换版本也贵不了太多,并且比柴油版本便宜不少。最后,我们买了一辆液化石油气版本的路虎,因为液化气的成本明显低于柴油。每到工作日,我们便开车载着客户去看房,到了周末则带着研讨会需要的全套装备转场到下一家酒店,看上去似乎是合理的安排。

但这辆车并不是我们买的最可靠的汽车。一个星期五的下午,我们把它停在彼得伯勒的办公楼边的步行街上,把我们正准备举办的一场大型活动需要的东西装到车上。我们的计划是把车开到会场,黄昏时再把东西卸下来,为第二天的活动做准备。然而,当我们准备出发时,汽车的蓄电池没电了。此时已到晚上7点,我们火急火燎地打电话给汽车修理厂,他们承诺在4小时之内到达现场。我们的团队开始有些沮丧了。

我记得有个小伙子在当地的后街经营一家修理厂,他曾修理过我的另一辆车,而且非常乐于助人。我给他打了个电话,过了20分钟,这个小伙子来了,开始检查我们的汽车。这时,街道上熙熙攘攘,交通管理员和警察开始指挥汽车绕圈环行,送货司机没办法通过,行人也变得很生气。修理工大喊了几句后,回到他那辆1987年产的日产米克拉汽车上,朝配件车间飞奔而去。很快,他带着一块新电池回来了,并且迅速装好,然后伸出一只沾满油污的手和我握手。他的老板打电话来,要我支付27英镑的修车费——星期五晚上8点到现场修车,再加上提供并安装了新的蓄电池,费用总共27英镑。对我来说,联系后街修理厂这个小伙子来修车,显然运用了反常规思维:这样的话,我们能够快速地把车修好,而且钱也少花很多,换成大部分人,他们会去找那些技术更娴熟、推销做得更好的修理厂来做这件事情。

3年后,我们以当初购买的价格卖掉了这辆路虎,因此,在这段时间,我们用车的成本只有运行费用和维修费用。

> 我相信通过逆向投资会获利。我不是只为了这个才这么做的,但似乎我天生就这样,通过观察流行的错误观念使自己避免犯错来进行逆向投资。我不会把这些错误观念看成是消极的东西,而是作为极好的教训。你可以从别人做错了的什么事情中学习东西?事实上,大多数人没能做出良好的、持久的投资决策或者商业决策,因此,通过观察和分析他们的失败,我可以获得大量的教训,告诉我不能做什么。毕竟,如果每个人都成功,那就不会有"成功"这一说法了,或者,成功也会变得普通了。

一些不可靠的投资类别

许多经常出现的"另类"投资表现出一些共同特点,一旦揭示了这些特点,你就会视这类投资为瘟疫,唯恐避之不及。这些都是常见的错误观念,但普通的民众完全信以为真。它们就像"另类"药物那样,存在一些固有的风险,而且未经证实。很多的这类投资不但没有受到监管,而且常常由知悉内情的人设计,那些人知道,只有极少数的早期投资者或者"位于金字塔尖的人"才能收获最大的回报,而金字塔中层或底层的普通投资者,即使能获利,也微乎其微,甚至根本无法获利。这类投资承诺了不切实际的高回报,并且通常声称,只要花很短的时间,甚至只要刚把资金投进去,利润便唾手可得。我觉得,把这类投资告诉你们并提出警示,是我的职责所在,以便你们能迅速发现它们的破绽,不至于浪费时间和亏损金钱。虽然在极其罕见的情况下个别投资者可能真的获利了，但大多数这类投资不可能赢得利润。

尽管我并不害怕指出那些特定的"发臭的"另类投资产品来证明我的观点，但我不会指名道姓地指证"犯罪"之人，因为我更感兴趣的是你们能够找到合适的投资产品而不是某个已经过时的特定的骗局。

以下是一些最常见的让人空欢喜一场的不可靠"投资"。

大多数多层次直销（MLM）

多层次直销是一种营销策略，销售人员不但从他们个人销售的产品或服务中取得报酬，而且从他们招来的参与者的销售额中获得收益。他们招来的参与者也被称为"下线"。

运用多层次直销或者联属营销的产品，可能是人们学习销售技巧的基础。当多层次直销用合适的产品进行包装时，它所有的缺点，实际上还有助于增强销售员的技能、磨砺销售员的性格。这类营销锻炼了销售员面对被客户拒绝的能力，使他们在一种受支持的社群氛围中受益，而且能够真正在每一笔业务上赚到钱。多层次直销有一些经久不衰的正面例子，包括特百惠（Tupperware）、雅芳（Avon）、康宝莱（Herbalife）和公用事业仓库（Utility Warehouse）。然而，很多产品利用多层次直销这种推荐或发展下线的元素，很容易纯粹基于"金字塔"而不是产品优势来构建其直销体系。正是在这些时候，多层次直销便进入了诈骗的范畴。

许多传销将自己包装成多层次直销，但向参与者承诺不用工作也能获得收入，而不是宣传销售的优势和产品的质量。这类传销侧重于招聘下线销售员而不是侧重于介绍产品的优点。其中，金字塔结构被装扮成多层次直销，人们买下产品，并不是看中了产品的优点，而是相信卖方的承诺：用很少的努力来获取高额回报，而且，所有的收入都靠你的上线和下线。尽管传销在中国是非法的，但在美国，运营不错的合法的多层次直销公司超过1 000家。不过，美国同样也禁止传销。

多层次直销与传销之间的主要区别是，前者向普通公众出售一种真正的产品，不需要消费者花钱便能加入多层次直销体系。多层次直销向配销商发放佣金，但这些佣金是真正的销售业绩，并且不一定来自新加盟的成员。而传销之所以在假扮成多层次直销后能够生存下去并繁荣发展，是因为参与者或官方并不直接清楚地知道，那些签约加盟的人是从另一些签约加盟的人身上获取报酬，而不是从使用产品的客户身上获得回报。

有种奇特的塔希提果汁饮料，用东南亚本土一种极其罕见的树的果实制成。那种果实和树的名称，我在这里不公开了。这种神秘的果汁饮料被说成可以治愈诸多不同的疾病。2004年，美国食品药品监督管理局向消费者发布警示，驳斥了该厂家发表的没有根据的健康声明，并说目前并没有科学证据证明该产品对健康有任何益处。这是一个装扮成多层次直销的传销的典型例子，你得警惕，当前还有许多类似的传销在四处传播。

网络流量产生/推荐链接/点击收入

许多营销骗局涉及网络流量产生、推荐链接和点击收入。有些骗局已经被政府当局叫停，另一些骗局的创始人甚至已被送进监狱。它们基于点击横幅广告、支付网络追踪、产生推荐链接，或者反复地点击广告。很多这类"投资产品"由于其资金流不透明而难以了解，这使它们更符合投资骗局的定义，同时还为我们提供了另一些警示信号。

你如果不了解某个商业模式或某种投资产品到底如何运行，绝不要草率投资。由于你无法用清晰的事实来推理，或者不可能理解其中的概念，因此你更有可能让自己的大脑陷入一团疑惑，不得不依赖情绪或直觉来决策。出于这个原因，许多投资骗局有意识地模糊其概念。就我本人而言，如果我不能明确而迅速地理解某个概念，我甚至都懒得去了解，更别说去投资了。

碳排放信用

很多公司在兜售或者声称出售碳排放信用领域的投资产品，这是最新冒出的涉及可再生能源、可持续性以及可冲抵税收的投资"仙丹"，向没有经验的投资者出售这类投资产品的公司，在原本善意的碳排放限额交易中抓住了气候变化等一些敏感的、情绪化的主题。但这些投资通常不可持续，对那些机会主义的企业家来说，更多的是让人空欢喜一场的投资机会。

林产

林产是来自清洁及可持续能源领域中的另一种投资产品。你可能接到过类似的推销电话，在电话那头，销售员鼓励你参与养老金审查。接下来，销售员将林产投资作为推荐的新的养老金计划的一部分来开展广告宣传，这是他们销售手法的一部分。他们让你"投资"林产、柚木、竹子、林业股票、树木种植以及圣诞树。如果这还不够的话，他们通常还会告诉你，你在这种投资中是较早的加盟者，随着树木的成长、收获和卖出，将获得几倍于最初投资金额的回报。2016年，根据英国反欺诈局的报告，26%的受害者说，他们卷入了不受监管的林产投资骗局中。

这和过去一个涉及鸵鸟蛋投资的骗局相似。在该骗局中，行骗者向投资者承诺将获得高达270%的投资回报。他们声称，鸵鸟蛋已成为一种受欢迎的食物，如果用它们孵出小鸵鸟，投资收益会更大。结果，在短短15个月里，2 800名客户的2 100万英镑的资金被骗走。后来人们发现，该公司声称的900个鸵鸟蛋，完全是子虚乌有，而客户的大部分资金已经被转移到海外的账户。

酒店

销售在建的酒店房间或者购买酒店的公司，通常会以很高的利润将酒店房间转手卖出。这样一来，对酒店房间的购买者来说，其定价已经过高了。酒店房间的购买者买进时，期待更高的回报，然后转卖给零售投资者，并劝说后者以较低的但仍然可接受的回报买入，从而制造了巨大的资本增值。零售投资者没有了解的是，由于他们在没有弄清楚资本要素的情况下就出手购买，以求获得回报，结果，却在购买之后立即出现巨额的资金亏损。如果算一算你的总回报，常常得到的是负数。你需要很多年的高收入来填平这些投资亏损，要寄希望于将来你的资本增值到足够的程度，以弥补最初的亏损。

人们也是这样被诱引到"度假住宅"的投资中去的，因为他们对当地的资本价值并不了解。你得在总回报中把资本和收益都考虑进去。

电子货币

有些投资是"电子货币"或者贵金属的投资。要明确一点，我这里并不是探讨比特币那样的货币，而是另一些所谓的贵金属支持的电子货币。美国政府曾经完全关闭了这些电子货币的运营，使得所有的资金消失在一团迷雾之中。

土地投资

有的人买下一块土地，将其划分成更小的地块，让投资者相信，投资这些地块，可以获得高额回报，而且能够获得规划许可，之后地块的价值便会疯涨。在现实中，大多数的土地都是农业用地，几乎没有机会获得规划许可。只要马上打个电话给当地的土地规划部门，便可以确认这一点。许多投资者购买土地时支付的价格，相当于规划部门已经同意规划和开发后的价格。在现实中，那些用地并没有合理的理由获得规划许可，因此，土地的价值只比农业用地的价值稍稍高一点。

度假住宅

在"面朝大海，春暖花开"的地方拥有令人惊叹的第二套住宅，每年在里面住3个月，其他时间出租，用租金来抵扣贷款，这只是个梦想，而且，这个梦想很少与现实一致：有时候，这些房子甚至都没有建起来；即使建起来了，价格也会被哄抬，因为海外投资者对它们的真实价值一无所知。除此之外，那些房产所处的地段，很少是度假时需要的地段，几乎没有便利设施，最后的装修质量也很差，因此房子难以租出去。

资金规模较大的度假住宅转售商通常要给附属的子公司、其他转售商及财务顾问支付大笔资金。而这些佣金的成本，都要叠加到购买价格中去，使得价格对买家来说又一次被抬高了。一条实用的经验是：推销者的宣传册子做得越大，就越要多加注意。

山寨产品

有一种新的投资骗局一度很流行，它们似乎具备以上例子中提到的所有诱惑和特点，你加入其中之后，会得到一些市场上泛滥的山寨产品，这些市场寻求迅速且轻松的盈利。你常常看到同样的产品一再被重新包装，以便看起来是新的或不同的。你只要看到其中的一件，几乎也就看到了所有的山寨产品。

当然，我已经在这部分内容中做了一些概括。但我这么做，是根据一些真实的、特别的经历和观察。始终保持警惕，你会看到你身边到处都是这些骗人的投资产品。如果它长得像鸭子、游起来像鸭子，而且像鸭子般呱呱叫，那它有可能是一只鸭子。当"另类"投资开始变成主流，人们已经觉得司空见惯时，是时候在真正的投资类别中通过逆向投资而盈利了。

一些投资诈骗套路

我往往会关注谁在做"另类"投资或者任何别的投资,并以此作为检验其有效性的快速指南。通常,只要根据还有谁涉足其中,我便能马上判断出这是不是一种好的投资。如果某个人多年以来是大家的榜样,事实证明他已经取得了成功、备受人们尊敬、经受过尽职调查并有着良好声誉,我会热切地去向他学习、与他合伙、聘请他,甚至向他请教。和反常规的理念以及通过逆向投资来盈利一样,这些人并不是普通人,在大街上或本地的俱乐部不容易找到。你如果找到了他们,要抓住他们不放、靠近他们、聘请他们、向他们付钱并且和他们合伙做生意。你一生也许只能结交到几个真正优秀的人,因此,请和他们长期合作下去并留住他们。

当然,很多人与你想象的并不相符。如果这本书是一部空洞无物的个人发展指南,我会告诉你,每个人都很出色,都把他们知道的东西运用到了极致，而且人人心中都有善的一面。我也很乐意这样做。然而，我的怀疑天性迫使我向你发出这样的警示：尽管有些人毫无疑问心怀善意，但还有许多别的人只对你的钱包感兴趣，无意与你建立长久的关系。

有两种类型的人似乎经常从某种"另类"投资跳到另一种。

第一种人是天真的人。

这种人毫无经验，也许他们刚刚丢掉了工作，没有太多的经商或投资经历，抑或他们正处在人生抉择的十字路口，以解决他们生活中的难题，这使他们容易上当受骗，并且对所见所闻丝毫不起疑心。他们想相信也需要相信那些不切实际的声明。他们会想方设法寻找合理的理由，为不利于他们自己和别人的风险辩护，即使那些经验更丰富的人们试图让他们更清晰地、不太情绪化地观察投资对象，也无济于事。

第二种人是长期的系列骗局的传播者。

当你在谷歌上搜索一些个人或者骗局的名字时，常常会发现，同样的一些人与同样的一些新骗局密切相关。他们好比粪堆上的苍蝇，而且，这也是他们从战略上选择的商业模式。如果把大多数投资者都比喻成旅鼠，那么，这些骗局传播者就是变色龙，经常变着法子兜售他们的骗局，而且推销起来比换内衣还频繁。尽管他们从来没有承认过，但我断定他们知道自己的"投资计划"是个骗局，而且相信自己能够从中牟利。他们会把那些不清楚内情的或者对结果不在乎的家人、朋友以及现有客户都拉进来。你常常看到这些人从这个国家跑到那个国家，其原因有两个：一是他们必须远离那些已经被卷入骗局的人,二是他们需要将另一些人拉到下一个骗局之中。

我怀疑,这两类人中,许多有着同样的人格缺陷。他们仿佛都缺少同理心和悔恨的基因,似乎感受不到被他们拉进骗局进而遭受损失的人们的痛苦,对此没有任何愧疚。他们只会转身离开并再度开始行骗,好比古代卖狗皮膏药的人。有时候我想,他们到底是真心喜欢这种新鲜感和梦中的希望,认定下一次投资将会大赚特赚,还是对这种新鲜感和希望上瘾了无法自拔,又或许,这只是他们推销时的高谈阔论的一部分。我难以理解他们的心态,因为对我来讲,在一个建立在善意基础上、能够长期持续下去,并且为投资者投入的资金提供真正价值的模式中投资,是更合理也更加可持续的选择。

辨别骗子

过去10年里,我遇到过一些有意思的人,假如他们不对别人行窃和行骗的话,看起来也许十分可亲和可爱。我发现了一些共同的特点,如今,我开始和他人合伙或进行投资时,就依靠这些特点甄别合伙人或投资伙伴。为了便于表达,我把各种骗子归纳为三类,不过,正如伟人的类型各不相同一样,骗子当然也有各种不同的类型。

1. "仁慈的"骗子。

第一类骗子十分依赖他们从事慈善事业或宗教活动的信誉,以此博得他人的信任。当人们怀着正当的意图和帮助他人的真诚愿望来组织慈善活动或向慈善机构捐款捐物时，这当然是件好事，但不要被这些看似大公无私的活动蒙蔽了双眼。这些活动的可信性、过去开展得怎么样等，依然是要考虑的一些重要因素。人们信仰宗教或者做慈善原本没什么错，但不要仅仅因为有的人涉足了一些慈善活动，就盲目地信任他们。当然，这些人在某种程度上也比普通人更加胜任这类工作，这似乎成为一种普遍的看法。我的建议是，只把他们当成普通人看待，跟你对待其他任何人一样，设法了解他们并进行同样的核实和调查。

2."热情高涨的"骗子。

第二类要警惕的是那种热情高涨的人，他们用自己的热情和情绪鼓动别人，然后将别人被调动起来的热情引导到某些投资中去。这些人通常缺乏从商经验，不具备真正的投资知识，有时候还是一些多层次直销计划的同谋，并不关心详尽的、真实的知识与经验，通常更喜欢"废话让大脑困惑"之类的格言。他们狂妄自大，常常在最走运的时候大赚一把，而最走运的时候，也恰好是每个宏观经济周期结束之时。然而，在经济不景气期间，他们就好比当潮水退去时裸露在沙滩上的人。这些人想让你避开逻辑和推理，口头禅是"你可以一直研究下去，但到时候你就赚不到钱了"。

过去，这些热情高涨的人指责我是一个拖延者。在早年的投资生涯里，我感受到了这些人带给我的压力，但他们和其他类型的骗子一样，你只要有了经验，便更容易发现他们。现在，我甚至在自己必须响应他们的时候有意避开。我记得有个这样的人曾在一次研讨会上发表演讲，他步伐有力地走上演讲台，一把抓起麦克风，脸上的肌肉扭成一团，大声脱口而出："我现在就告诉你们，这不是骗局。我再重复一遍，这不是骗局。"嗯，如今，至少我知道，它就是一个骗局！

3."关心你–和你分享–爱你"的骗子。

最后这类骗子是声称"关心你–和你分享–爱你"的骗子。我遇到过几个通过塑造关心别人的形象来博取信任的人，他们的目的是让别人觉得，在投资时，不需要对他们进行正常的尽职调查。这种声称"关心你"的骗子还常常搬出他们的家人和一些道德凭证。这些道德凭证常被称为3C，也就是三个以C开头的英文单词：慈善（Charity）、教堂（Church）以及孩子（Children）。假如你信赖这类演讲，那就要提高警惕了。真诚的人会立足于他们自身的优势来推销，并且用事实说话。

> 我们都恪守自己的道德规范。我相信，那些谈到自己时滔滔不绝，称别人是流氓无赖或者声称自己有多么"讲道德"的人，通常要从相反的视角来看待。他们指责其他所有事情和每一个人，唯独不指责自己，因为他们不希望你对他们进行太过细致的审查核实。他们的口头禅，常常不过是扰乱你大脑中的逻辑中心的一种销售技巧。这些人往往极度虚伪，到最后只会证明他们根本不值得信任，没有任何诚信可言。

| 关于信任与怀疑 |

到目前为止，我们已经清楚了在投资之前要确认的一些东西，接下来该探讨我们应当在商业和投资中怎样去信任或怀疑了。首先我认为，当一些投资点子来自好的渠道时，重要的是以开放的心态欢迎它们。心态好比降落伞：打开的时候，通常能发挥作用。在新的投资机会的早期过于怀疑或轻视，可能会让向你介绍这次机会的人心生反感。此外，这种心态还可能会降低你客观评价投资机会的能力。当别人向你介绍新的投资点子时，用你的直觉来指引自己。同时，相信那些对你的财富或业务不造成任何威胁的人，也有益于你的幸福。因此，不管是什么人，也不论是什么事情，只要是在无害的或有趣的社交环境中探讨，我们不必一概加以怀疑。

很明显，如果那个机会要你把大量的资金、业务或时间投入某个投资产品，而且该产品几乎没有可独立核查的成功记录，那你就要三思而后行了。当你的业务及资金被别人盯上时，许多人（但并非所有人）会想方设法说服你相信一切。警惕那些包含利益冲突的投资机会。类似这样的场景经常出现：供应商延迟交货或者不交货，这往往符合他们的最大利益，当然，除非在交货之前更多的应收账款没有收回或者是支付延期了。

一旦投资机会经受住了"鼻吸测试"（指初期的简单测试），对它再进行小规模的、解除了风险的测试，以证实并记录测试结果，总是个好主意。不管你多么信任或怀疑某笔业务、某个模式或某个人，进行这样的测试总是明智的。没有哪位经验丰富的投资者或企业家会以为你的尽职调查是针对他个人的；相反，他们只会觉得这是精明经商的表现。毕竟，过去赚钱的投资，并不能保证将来也赚钱；对其他人来说赚钱的机会，对你来说不一定赚钱。许多看不见的变量不但基于某人的可信度，而且还基于商业的现实。

你还得评估你的时间成本。要警惕与每次投资机会相关联的时间成本，在财务成本上的划算买卖，并不一定真的划算。做好调查研究，确保它不会过度耗费你的时间。一旦该概念或投资得到了证实，就可以根据构建的模型尽快着手投资并逐步加码。

信任，但总要检查核实

在工作场所以及一般的企业中，重要的是信任员工和合伙人。如果连这点都做不到，怎么可能在业务上取得进展，让别人管好你的系统，并使企业能够发展壮大呢？不过，同样重要的是定期（并且显然还要随机）核实和检查交到你手里的信息。无论是检查某些特定的关键绩效指标（KPI），还是核实其他的数据点，一定要和正在做这件事的那个人保持同一步调，同时也确保他们在完成任务时与公司更宏大的目标保持一致。努力花一天时间站在员工的立场看问题，做一做他们正在做的事情，以便更好地理解他们的岗位职责。这有着多方面的好处，当你和某个人并肩前行时，就和他建立了更紧密的关系，也更能理解对方了。除此之外，你也许还能更好地管理并检查他们正在做的事情，也能一眼看出他们是不是在正确履行职责以及告诉你的某些事情是不是真的。

人们通常会自我保护，因此，如果没有关键绩效指标和其他的数据组，他们可能掩盖一些事情，以保护自己。我以前常常认为，只要有人对我说了谎，便很大程度上是针对我个人的，但如今我意识到，有些遗漏和谎言，根本不是针对我个人，它们和你没有关系，大多只涉及自我保护。关键绩效指标及数据的另一个好处是，它们都是一些无法动摇的事实，并没有给人们操纵事实真相留下太大的空间。

在"进步房地产公司"成立之初，我们曾拥有一些才华出众的员工（当然，如今仍然拥有）。一位负责买入房产的老员工常常能以极低的价格买到房子。他总是在外奔波，开着车四处看房，行踪不定。结果，以低价买到的房子不断涌入我们公司，那些房子的价格通常比市场价低了30%以上，公司总部的领导层因此都很高兴。不过，随着时间的推移，我们清楚地发现，所有这些房产交易几乎都来自女性房主，她们主要居住在"偏远地区"。后来，这位员工又买入了更多房产，我注意到，这些女房主恰好零零散散地分布在他的"例行路线"上。显然，他很推崇本书中提倡的反常规心态，而这种心态对他来说很有帮助。再后来，我们看到了他的这些做法的一些不良后果。

那年晚些时候，我们明显看出，这位员工对自己的一位女同事也使用了相同的情感策略。女同事不久之后就选择了离开。这就不是反常规的理念了，也不是我们作为一家实体公司想要树立的声誉。对这件事情，我保持缄默，并且采用专业的方式处理了，但它仍给公司造成了损害。我一定是让这种局面持续了太长时间，没有及时干预。这里的教训是：信任员工是件好事，但总是要核实和检查。

营造一种信任的文化

相反，过度怀疑或者不信任员工或合作伙伴，会制造一种负面的文化，形成一种不良的氛围，让人们感到自己不受重视。这可能使他们对工作不太投入、提高了跳槽的频率，降低了工作质量。事实证明，营造信任的文化，将增强员工的创造和创新能力。他们更乐于表达新的创意并发展和经营企业。当他们和客户做生意时，这种积极的文化氛围一定会体现出来。此外，这种氛围还使员工更愿意承担风险和做出更重大的决策，并且比之前明显更尽心尽力地克服挑战、战胜困难。得到信任的员工常常觉得他们有决策权，这也往往给客户带来更好的体验。

改进公司运营的大多数好点子都来自公司员工。他们身处一线，能够发现大部分的商机和问题，也最能理解客户的需要。在许多情形中，他们比领导者更贴近实际的行动，因此应当更了解情况。为什么不信任他们呢？好好对待员工，他们自然会想为公司付出更多，而且会为优化公司的业务提出最优质的意见。

这些理念和策略，全都来自数十年经营公司的经验以及从犯下的诸多错误中吸取的教训。你也许自然而然地倾向于这么做，那会给你带来好处。但其缺点是，你可能会变得更加开放和脆弱。假如你和我一样，天生就比别人谨慎一些，那么你必须学会信任别人，并且适当地放手。在"信任但要检查核实"的做法上保持健康的平衡，是最理想的。

让员工保持积极性并感到你授权给他，有许多好处，这方面的一个例子发生在几年前。罗伯和我决定请我们的所有员工完成一份系统文档。我们规定了一个紧迫的截止日期，要求员工在此之前务必完成。来自龙潭资本的詹姆斯·凯恩为我们提供了指导，给了我们巨大的鼓舞，我们推测，员工团队一定会明白，制定这份系统文档是件非常好的事情。它是一份涉及每位员工每天完成的所有工作任务的文档。我们的想法是，假如某位员工某天因病或因事请假了，没在办公室，其他人看到这份文档后，可以顶替他的空缺。这是商业常识（抑或是反常规），对吗？

不过，有些员工的行为显然在告诉我们，他们并没有把这项任务当成一件需要专心致志来做的事，而且大多数人显然不愿意完成自己的系统文档。他们对我和罗伯礼貌的提醒置若罔闻，于是我俩的怒火开始升腾起来。员工跺着脚四处走来走去，对管理层甚至看都不看一眼，这和办公室通常活泼的氛围大不相同了。这种情况仍在继续，一直到系统文档的截止日期逐渐临近。

那一天终于来临时，有位员工仍然没有完成这项任务。我火冒三丈，在与律师交换了意见后，决定请这个人参加一次"绩效管理会议"。我们此前从来没有这样做过，以往的人力资源会议通常就是在办公室内开的。这一次，我们显然在逼着她解释自己的行为，而我们和她的交谈气氛，很快就变得紧张起来。我们吼道："我们告诉了你什么时候截止！别说那些废话了，你就是……"还没等我们说完，她就气冲冲地离开了，后来，我们收到了她的律师函。

她的律师控告我们没有明确她的岗位职责，并宣称我们应当考虑她的身体状况。大部分的控告内容，目的是提高可能的索赔额度，而我们也确实是第一次听她说需要我们调整她的工作场所，以考虑她的身体状况。现实是，虽说我们已经通知她完成那项任务，并且规定了最后期限，但还是应当咬住自己的舌头，首先更多地了解情况，听听她和团队的想法，接着更优雅地处理好这件事情，而不是想着报复。最后，我们失去了一位优秀的团队成员，也没有赢得团队的支持，还可能面临一场就业官司，要付出时间成本和法律代价。

即便你有理，也应该把情绪抛开，探讨各种解决方案，倾听他人的意见，不对局面做出应激反应或者一心为自己辩护，并且关爱员工。做好诸如此类的事情，你最终得到的结果会更好，会让你少花很多时间和金钱来避免棘手问题的出现。

依靠直觉做决策

直觉是企业家使用的核心决策工具之一。那是一种在关注某笔业务、某项投资或某个人时发自内心的感觉,它是你一旦忽略就会变得危险的指导原则。直觉是投资者或企业家积累了大量经验后在瞬间迸发的一种有效方式,正所谓"厚积而薄发"。这种感觉只能通过面对大量的好机会和不好的机会才能形成。对那些经验丰富的人来说,直觉的指引可能会令人吃惊的准确。显然,对于一个从商或投资经验不足的人来说,直觉只能起到参考的作用,不能直接依赖。虽然你的直觉已经得到了发展和提升,但还要依靠尽职调查、研究、分析来指导决策。

我喜欢在一项投资上反复算账,做好尽职调查,然后再考虑决策。通常情况下,我将直觉与调查研究中得出的结论结合起来,帮助我做出优良的决策。当情绪强烈而直接时,不要决策。这会妨碍你做出好决策，遮住你的视野。在情绪强烈的时刻，明智的做法是花些时间让你思维中有情绪的部分安定下来，等待某些客观的想法出现。我猜你可能会把这个过程总结为信任你的直觉，获得证据和确认，然后再度参考直觉，做出最终的决定。

你如果在某个领域没有经验，不要运用直觉；你也许能够很好地判断人们的性格，但尚不能很好地判断商业模式、投资类别或者策略。尽可能多地寻找不同业务类别的第一手资料是有用的。

- 老式的商品化的企业很好理解：竞争十分激烈，由于无法使自己的产品足够差别化，因此最终必须展开价格竞争。这不是我喜欢的领域。从稳定性或者经过时间证明的角度来看，这些类型的业务也许有吸引力，但往往最终会陷入低价竞争中。这势必导致利润下滑，并且几乎没什么机会通过提升产业来提高盈利能力。
- 新式企业充分利用社交媒体，具有扰乱市场的能力，运用新的技术，通常还降低了日常管理费用。它们比老式业务更好。
- 信息企业库存很低甚至零库存，几乎没有固定成本，通常能赚取最大的利润。

久而久之，随着其他企业发现了利润并为追求较小的利润而提供类似的产品，保持一成不变的企业往往会感受到更强烈的竞争。因此，当事态发展到你已变成忙忙碌碌的傻瓜，公司不再为你带来回报，你发现自己的时间并没有充分发挥作用时，显然需要对产品结构做出调整并转移重心了。一旦你的公司快变成慈善事业了，就是时候转移重心了。

只要类似这些业务创造了利润，把你的资金投入固定的、分散化的业务或资产中，它们将给你带来尽管较少但通常更加可靠的回报。在各类公司中（比如房地产、公共事业、烟草、石油等领域的公司或者像联合利华之类的大型消费品公司）进行广泛投资，产生被动收入流，再加上一些债券的投资，可以减小投资的不稳定性，提高资金的安全性，并且增加投资中衍生的收入流。

20世纪90年代末，我只有十几岁，结交了一位名叫山姆的朋友，他常常把自家的房间租出去，用租金来偿还抵押贷款。山姆当时只有18岁，对他来说，能够拥有一套房子并乐享它带来的种种好处，而且不用自己掏钱还贷款，真是再好不过了。租户交来的租金，不但能够还完贷款，还能有所盈余。与此同时，房子在大幅增值。当然，管理租户的问题可能有点棘手，尤其是他们和你同住在一套房子中并且很容易占用你的时间的时候。山姆并不是一个特别传统的人，他采用了一些特殊的办法来确保租户按时交租金并使房子保持整洁有序。

但他还是遇到一件越来越令他烦恼的事情：他放在冰箱里的最喜欢喝的啤酒经常丢失。一天下午，他告诉我说，他感觉是其中的一位租客偷喝了。几天以后，我再去找山姆，发现他脸上带着笑容，似乎在忙着做什么。我走近仔细看，他抬头对我说："那个傻瓜再不会偷喝我的啤酒了！"我注意到，他一只手拿着一个鲜红色的瓶子，上面贴着"极速泻药"的标签，另一只手则拿着他最喜欢喝的啤酒的瓶子，然后小心翼翼地把红瓶子里那些琥珀色的液体倒一点到啤酒中，再把啤酒瓶的盖子盖上，将其放回冰箱。布置好了这个陷阱的当晚，我和山姆及租客们正看着电视，其中一个租客突然从座位上跳起来，冲进厕所，"砰"的一声关上厕所门。等他有气无力、慢慢吞吞地从厕所出来时，我和山姆好不容易才忍住笑。显然，他此前喝过被山姆动了手脚的啤酒，如今正忍受着偷喝的恶果。山姆以这种方式准确地找到了偷喝啤酒的人。

　　不久之后，山姆告诉所有的租客，说这件事情是他干的，并说他今后还会偶尔这样做，以保证自己最喜欢的啤酒不被偷喝。他解释说，如果人们只是在吃饭和喝水的时候服用了"极速泻药"，不会对身体造成危险。从那以后，他的啤酒再也没有被偷喝过。我并不赞成他的这种行为，但这确实是一个将问题摆到台面上来说，并且寻求（有些严厉的）解决方案的好例子。

媒体炒作

理解这一点很重要：媒体在印刷和发布新闻时有其自身的动机。尽管我对媒体在发布新闻时抱有各自的动机完全没有异议，但你应当知道那些动机是什么，以便用平和的视角来观察。在西方，大多数媒体是资本化的、商业化的企业，追求利润。它们是公司，因此销售是它们首要的和唯一的优先事项。它们会兴高采烈地宣布某个未经充分研究证实或者经不起时间检验的重大决定，而这通常是罔顾事实，与现实不符。警惕你在报纸上和电视上读到和看到的内容，对你相信的事情也要保持谨慎。要懂得，任何一个论点，总有与它相对的一面，而那一面也可能具有有效性。

在本书后面的内容中，我将详细介绍我喜欢的和刻意避开的一些特定出版物和信息来源，以便你也能用更加平和的视角来观察。

不论什么时候，头条新闻都会被媒体大肆渲染、过于简化，并且设计了点击或付费诱饵。它们不一定是真实的，而且，媒体会采用各种方式来运用文字营造炒作的效果、制造模糊效应、激起观众和读者的好奇心，使他们阅读或观看下去。运用反常规思维、通过逆向投资而赚钱的企业家和投资者不会根据头条新闻来决策或积累知识。当然，这些过于简化的声明，也自有其容身之处，因为我们需要将大量信息分门别类，以便减轻信息过多的负担，但不要把头条新闻看得太重，或者指望它们能够告诉你全部的内情，甚至不要指望它们是真实的。

在现实中，生活不是只有令人激动的、极端的，或者耸人听闻的一面。生活中的事情，通常就是更加普通和无趣的，因此，如果不夸张炒作，大多数报刊无法吸引人们去看。除非我在寻求休闲娱乐（有时候我确实这样），否则一般情况下我会着重关注那些不太倾向于运用炒作手法的报刊（不过，它们有时候也都会适当地运用炒作）。不过度依赖夸张手法的高质量的报刊更加有益，因为它们更多地依赖铁一般的事实和高质量的文章。

要加以警惕的媒体炒作

说到商业和投资，大多数常年招致议论的媒体炒作行为与两极分化的政治问题相关。一个广为流行的政治问题是邪恶的资本家与利益被剥削者的问题。我应当首先表明我的偏见：我认为，资本主义是一种有效的社会制度。这种社会制度持续了数个世纪，似乎也是（大多数发达国家中）最公平的制度，或者，至少和人们希望的任何一种单一社会制度那样公平。一般来讲，它制造了公平的竞争,而且,只要得到很好的管理,这种制度似乎能够奖赏和鼓励创业与贡献。也就是说,我觉得,在某些事情上,媒体以耸人听闻的手法处理、煽动或制造了毫无根据的言论。

"更高的营业税将解决大多数社会问题"

在当代英国,私营企业参与了最多的经济活动,有效地为公共行业投资。许多政治家和社会集团显然希望企业缴纳更多的税赋。历史已经表明,公共行业消耗惯了这些超额税收,因此,整个经济中公共行业的规模越大,效率反而越低。在现实中,这些税收通常没有进入需要的人手中,而且从来没有形成某种激励制度来提高我们所有人多纳税的积极性。在这件事情上,很多人也许想告诉你,私营企业和个体户等应该多纳税,但不管他们说什么,在公共行业,浪费和资源的不当分配的现象比私营企业更普遍。

用更加"创新的"(也就是偷偷摸摸的)税收来加重企业主的负担(自从我进入商界后,人们想出了许多类似的名目来增加税收),不会鼓励商业投资,而众所周知的是,商业投资是经济增长、就业与社会繁荣的真正驱动因子。只要看一看那些税收较低且税率统一的国家的情况,便会发现,它们的税收更容易收取、投资得到激励,而且税收总额实际上还以较低的税率增加了。这听起来疯狂,却是真实情况。只需和某些公务员聊一聊,便能推测出他们不可能让政治家降低税收的真正原因。对许多人来说,这种观点就是不受欢迎,而且,"邪恶政治"在英国盛行一时。

"来自非专家的通用的声明是有效的"

绝大多数新闻记者并没有在他们报道和评论的投资产品中投资，或者不具备这些领域中的知识。除非他们是自己报道的主题领域的专家，或者在报道的资产类别中浸淫多年（这是罕见的情况），否则，新闻记者的观点往往是机械重复的。他们的报道，就是市场普遍认同的观点的大杂烩，不如真正的投资和从商经验那样可信或有用。有个例子充分证实了这一观点：在次贷危机拉开序幕时，某报纸用一个单独版面发表了一篇文章，文章的标题是"买房出租已死"。该文主要根据更多的买房出租的放贷机构提高了放贷标准这一事实来做此断言。文章的大标题很可笑，特别是考虑到大约有270万户家庭居住在租住房中（应指英国），而我写这本书的时候，英国经济与商业研究中心预计，未来10年，租住房屋的家庭的比例将增长40%。

任何在买房出租这个行业经营的人，以及任何一个真正懂得和了解市场的人，都知道买房出租这项业务不会一夜之间"死亡"。业内人士看到这个标题总觉得滑稽可笑和耸人听闻，但它对没什么经验的人确实产生了效果。相反，类似这样的大标题，对反常规投资者来说很幸运，因为它在过去的20年里助推了最大的买入房产的机会的出现。谢谢你们，大众媒体；谢谢你们，旅鼠般的投资者。愿你们更频繁地指望买房出租业务已死。

"所有的房东都是邪恶的百万富翁"

另一种大标题经常激起轰动一时的狂热，那便是：所有的房东都是邪恶的百万富翁。为了表达对普通读者的不幸的同情，报刊需要一个可以指责的反派角色。对那些没有涉足房地产业务的人们来说，房东确实符合"坏人"的刻板印象，容易成为众矢之的。当然，现实情况绝没有这么简单。房东有好人，有坏人，也有不好不坏的人。和世间的万事万物一样，你不能用一个模子来描绘所有房东。

这种心态之所以会出现，是因为许多人天真地以为经济是个零和游戏。他们不懂的是，某个人拥有的更多，并不意味着别人一定就拥有的更少。这是一种容易深陷其中的思维模式，也是一种图方便、不愿意去深入思考的思维模式，而且鼓励人们的受害者心态。对有些人来说，相信百万富翁"拿走了"他们的钱，远比去了解百万富翁如何通过创业、增加价值和持续的奋力拼搏而致富容易得多。这种老一套的闹剧仍在四处传播。更加接近现实也稍稍符合那种刻板印象的是，"普通"房东会为自己退休后的生活考虑，只购买一两套用于出租的房产。

"房地产市场注定崩溃"

最近，许多新闻的大标题声称，英国政府针对买房出租而实施的增加税赋措施将杀死这个行业，或者说，由于英国金融市场行为监管局和英格兰银行即将进一步监管买房出租行业的抵押贷款，房主们注定会失败。免税法规的变化，意味着市场将出现转折，房主必须适应，但并不意味着他们将受到不利的影响，也不代表这个行业可能萎缩。不过，从实际的情况来看，政府难以一下子消灭私人出租行业，对银行也不会再进一步加强监管。这里的现实是，银行通常早就听说那些政策变化并早就开始遵守新的规则，以免到时候要被迫去遵守。事实上，75%的买房出租的房东已经开始遵守那些建议的改革措施了。

很多人会嘲笑他们自己并没有完全弄懂的事情。例如，自从2005年房地产进入了投资领域后，一些理财顾问贬低房地产，并一致表示该市场注定将崩溃。这种论调基于恐惧，常常还伴随着购买股票或黄金的投资建议。他们显然希望，假如他们足够长时间地宣扬这种论调，那它最终会成为现实。但这并不会让他们变得善于预测，只会凸显他们对房地产市场缺乏了解。

许多优秀的独立财务顾问就是这样做的。你和他们聊起房地产时，他们会解释这种投资如何如何缺少流动资金，长期的投资回报如何如何总是低于股票，等等。但为什么要相互对比呢？在一个平衡的世界里，所有的资产类别可能都是好的，同时，所有的资产类别也可能都不好。成功取决于知识、经验、子利基市场、时机以及其他变量。多年来，我刻意去了解独立财务顾问的逻辑，但搞不懂他们来自哪个星球——在投资房产时，我可以获得30%的回报，相比之下，从长远来看，一些基金的回报很少达到10%。随着时间的推移，我渐渐清楚地发现，他们谈论的是房地产基金，而不是房地产的直接投资。但即使解释了这方面的原因，大部分人也都不愿意听。他们自己不去这样投资，因而不愿去了解。也许这一事实威胁到他们感知的专长，或者，这一真相给他们在销售基金进而赚取手续费时带来了不便。我想让你们自己运用直觉来分析他们这样做是不是别有用心。

商业中的错误观念

制定可行的、可盈利的商业策略的过程，部分地在于计算和列举不能奏效的策略。通过分析不奏效的策略，你通常可以推断哪些策略奏效。运用反常规和逆向投资的理念，能够增大成功的概率。在本节和接下来的两节中，我将阐述我对一些盛行的错误观念的观察，同时，为了平衡我的观点和经验，也会分享自己犯过的一些错误。前面讲过，从别人的错误中学习，将使你明显变得更为成功。你可以把我犯过的最宝贵的错误拿去，并且从中学习，以使你自己不必再犯。

出于平衡和细节的考虑，本节还将阐述我认为奏效的理念，毕竟，这既是一本教你"不能这么做"的书，也是一本教你"应该怎么做"的书。

商业中常见的错误观念

1. 提供你想要的而不是市场想要的服务。

许多初创企业和自由职业者涉足商业，是因为他们喜欢或者非常擅长某些事情。如果孤立地看，这是一个错误。将你有热情去做的事情变成赚钱的门路，是测试某项业务或某一市场过程的一部分。然而，当你满怀热情去做的事情没有市场时，它便不是一项业务，只是一种爱好。很多人以为，由于他们面临某个问题或者心怀某种渴望，那么，全世界的人也跟他们一样。你可以在《龙潭》节目上时常看到这种现象：入了"潭"的企业家对某个问题的解决方案热烈期待、大把投资，但那个问题其实并不存在，或者说，也许并不具备太大的市场吸引力。不要让热情与渴望蒙蔽了双眼，相反，对某个可观的市场进行合理性检查，看看对你的产品或服务来说是否有着同样的痛苦或吸引力。在核实市场之前，先别把时间和金钱用于制造或销售产品或服务，也不要先给你的公司增加运营费用。

2. 因为某个市场竞争很弱或者没有竞争而进入该市场。

最有可能出现的一种情景，而且也是大多数人都不想看到的情景是：假如没有竞争，很可能便没有市场。这并不是说没有任何新东西出现，而是说，在每一个可以想到的利基市场，全世界都有数十万甚至数百万家公司。从统计学上分析，你找到某个尚未被开发的市场的概率，以及某个产品或某项服务注定将成为下一个脸书的概率，都是很低的。稳妥的办法是先检验而不是不假思索地一股脑儿投进去。你如果在某个市场中找不到任何竞争，得找出其中的原因，因为这一定是有原因的。是因为需求不大？抑或商业模式没有发挥作用？如果你的创意经受住了尽职调查的检验，也经受住了你对最小化可行产品①版本的检验，那就进入下一步，但不是一时心血来潮而进入。

3. 只看营业额而不是聚焦于利润（边际利润）来考虑是不是赚钱。

正如人们所说，营业额为虚，利润为实。我宁愿在100万英镑的投资中赚取10%的利润，也不愿意在1 000万英镑的投资中赚取1%的利润（除非我有一种估价/销售策略）。尽管这两个数字算起来都是一样的，但由于你的营业额更大，日常运营费用显然高得多，承受日益增加的成本和市场变化的能力也变小了。

并非所有的利润都是同一回事。边际利润越低，就越容易受到市场情况变化或市场崩溃的影响。边际利润越低，灵活性也越小，承受意外事件和不可预知的变化的缓冲能力也越弱。在持续追求总收入（营业额）的过程中，我们容易忽略成本控制和生产浪费。如果不谨慎行事，可能到最后赚不到什么利润，即使营业额再大也无济于事。紧盯营业额，最多只是推动销量增长，但紧盯利润，还可以驱使你降低成本、提高效率、优化和增加定价模型，以及采取更多其他方面的措施。

我更多的是关注底线利润。这有助于提升效率，但跟规模并无

---

① 最小化可行产品（minimum viable product，简写为MVP）是一种避免开发出客户并不真正需要的产品的开发策略。——译者注

太大关系，因为我常常担心规模扩张后带来的浪费。我喜欢稳定而持续的增长，其中的成本可以监测和控制；不太喜欢剧烈但不稳定的增长，其中的一切都无法掌控。我觉得，企业里有人和老板风格迥异，完全着眼于不同的事情时，是一种好现象。在我们公司，像我的同事罗伯那样着重关注总收入的人，推动着公司的增长、规模与市场份额的扩大，甚至还对未来进行评估。而像我这样着重关注底线利润的人，则能确保企业保持精干、高效，以及利润不会随着营业额的增长而蒸发。

4. 忽视投入产品或服务中的时间、劳动力和原材料等成本。

当人们没有为产品或服务确定足够的价格时，常常忘记了将自己投入其中的时间计算在内或作为一个因素加以考虑（比如，投入经验、精力和时间来培训员工使之胜任岗位要求，以及员工在特定的产品与服务中投入的经验和时间）。在定价时，硬成本只是诸多因素中的一部分。员工的时间和你的时间一样，都包含在运营费用之中，是过去已经沉没的成本，或者员工顶替了你的岗位，从而腾出了你的时间。你可能将产品或服务升级换代并扩充它们的销量，甚至它们并不赚钱也在所不惜。这还可能占用了你的宝贵资源，你本来可以把它们投放到更能赚钱的产品上的。

5. 认为"马上去做"总比"什么都不做"强。

如果某个人患有严重的拖延症，主张"马上去做"（just do it），确实是克服拖延症的好点子。然而，如果过快地进入某项业务或者推出特定的产品或服务，可能会带来一场灾难。往最好的结果想，浪费了时间；往最坏的结果想，可能使公司资不抵债。首先用产品或服务的"1.0版本"投放到试销细分市场（这种产品也称为最小化可行产品），远比直接踏入市场好得多。测试，调整，改进，升级，反复。不要不假思索便全力投入。在每次迭代/每个版本之后，你得观察关键绩效指标、利润、亏损情况，看看扩大规模在财务上是否可行。如果你扩大了某个不好的商业模型的规模，可能会酿下大错。

6. 相信新的就是更好的。

一个让我不寒而栗的现象是，太多的时候，人们认为所有的富人都拥有新的光鲜亮丽的东西，而且以为这些东西也是他们的救星。我不确定这到底是一种天真、一种无能（缺乏坚持到底的能力），还是一种恐惧（害怕错过新的机会）。这种心态极其普遍，但现实很少与他们的想法一致。大多数情况下，当你已经做好了基础工作时，更好的策略是思考如何让你投资的产品发挥它的作用。和别人重新开始梳理，看看你投资的产品到底怎么给你带来盈利。即使其他新的投资产品看起来更好，也会让你付出时间、金钱及学习的机会。打下坚实的基础并了解可持续的基本面情况，是要花时间的。

另外，你构建网络、树立品牌和商誉、构筑用户基础、建立信任，都要花时间。每次你转向新的业务时，都是在清零，然后从零开始——这是任何一项业务在发展过程中最艰难的阶段。一开始，即使你几乎做好了所有的工作，也只能赚到很少的钱；而到最后，几乎把所有的钱都投进去了，却只能获得很少的回报。从长远看，不去做那些令人狂热的兴奋的事情或者新鲜的事情，胜过时时刻刻都在做新的事情、涉足新的领域。

7. 认为你能比其他人做得更好。

为求发展，每家小公司的老板都必须放松管理权。你曾经做过的事情（以及当你的客户只和你一个人做生意的时候），最后还得转到你的团队那里去。人们不放权，是害怕失去客户或损害声誉，担心其他人做得不如他们做得好，或者以为客户只愿意和企业老板做生意。每一家公司的老板都可能跟这些原因扯上关系，而且，这种现象发生在我们所有人身边，你不是唯一的见证者或亲历者。数以千计的公司都经历了这个发展过程，和其他所有人一样，你也必须在发展过程中感受到成长的痛苦。现实是，不但别人能把事情做得和你一样好，而且，假如你聘请了合适的专家，他们也许比你做得更好。这些人可能着眼于成为某个领域的大师，这就比你这位个体经营的老板强，因为你每次做事情，只求做到足够好，而从不追求熟练掌握做事的技巧。

8. 当时势艰难时，削减营销费用。

大多数情况下，当企业规模缩减，或者更糟糕的是濒临破产时，营销部门似乎是第一个被压缩支出的部门。问题是，营销部门给公司带来绝大部分的销量，因此，如果削减营销费用，无异于杀死了会下金蛋的鹅。尽管你一次性节约了小部分的经费，但你也使未来的收入流干涸。如果你经营一家商店，那么店铺就是你的公司，你在店里卖出的产品就是销量，但光顾你的店铺的顾客人数，才是营销。没有顾客上门，你得完全依赖于推荐销售，而假如新的销量跟不上，那这条渠道很快就干涸了。

营销成本应当被视为投资，差不多算是固定运营费用的一部分，你应当着眼于再投资，以便从营销中获取利润。你应当在任何一个时期都把营销这笔预算完整地投进去，并且持续不断地加大投入。要总是从增长与创新的角度测试新的平台，同时也测量现有的平台，尽可能减少浪费，以最快的速度响应情况的变化。如果你持续不断地测试、测量、调整营销策略，便减小了浪费的风险，这也是在建设更加可预测且可持续的企业。

如果营销不是你的核心技能，你得聘请卓越的营销人员加盟你的公司。许多企业的创始人并不是营销人员，但人们对他们的产品或服务充满热情，满怀期待。然而，只有好的产品却没有客户，无法使企业生存下去，这只是一个创意或梦想。你如果和我一样，并不精通营销技能，那就与取得过卓越业绩的人合伙，或者聘请他们，或者将营销业务外包。

9. 你的员工为你工作（并且应当照你说的去做）。

你的员工不是为你工作，他们是为他们自己工作。他们工作，不是赚你的钱，而是拿回他们通过付出劳动应得的报酬，过他们自己的生活。颐指气使不是正确的领导方式，21世纪的企业领导指南中没有这一条。当然，如果人们只照老板说的去做，企业可能容易管理的多了，但是，让他们一边崇拜你，一边又为你精心服务，那只是一种幻想。

在经营企业时，员工的流动将消耗最多的运营费用。这种情形的糟糕程度，不亚于公司里懒散的员工尽可能地偷懒。你，你的公司，以及公司的利润，全都取决于员工出色地完成工作任务。出色完成任务的动机，有可能是金钱、表扬，以及帮助他们做一些完全是个人的事情。你应当足够关心员工，倾听他们的诉求、了解他们的价值观、听取他们的反馈意见、为他们制定职业发展规划，并且在引导他们成长的过程中也给出特定的反馈，让他们在职业道路上取得进步。他们如果知道你关心他们，而且感到很安心，将会为发展和改善你的企业而提出诚实的意见和建议。这些是别人给不了你的或者说你不必再花钱去买的宝贵信息。

经营企业并不容易，它得花时间，而且需要耐心。它可以检验你控制自我和情绪的能力。在本书后面的内容中，我将用一节的篇幅来阐述与业务精通相关联的个人发展的三个阶段。如果说企业管理中有一个反复出现的重要主题，那便是：企业面临的挑战，经常会考验、激起和煽动你还没有学会控制的那些情绪。企业面临的挑战，很大程度上跟孩子测试父母的临界点一样（他们显然会不停地测试），永远不会消失，直到你最后经受住考验。不要指望这些挑战更容易被克服，而是要期待你将变得更聪明。

你如果对自己的员工和团队有一种服务意识，让他们知道你会在他们身后帮助他们发展职业，你的企业将会大为受益。工作积极主动的员工队伍，是你可能拥有的最宝贵的资产。

10. 越发努力地工作，终将成功。

哪种类型的努力工作最有利于你构建自己的商业帝国？它要经历各个发展阶段，而且你得在企业成立之初把大量的时间投入其中。但是，不要以为每周工作97小时总比工作37小时强，从而盲目地投入时间。我见过很多人在错误的事情上非常卖力地工作，或者在正确的事情上太过努力，最终使得自己精疲力竭。他们过度工作，无异于杀鸡取卵，甚至到了最终对客户、供应商或公众失去理智的地步，就是因为他们太疲劳了。

我相信，高强度的工作（也就是短时间地、强烈而专注地刻苦工作）能够创造良好的结果，也可以持续下去。但事实上，在写这本书的时候，我采用每工作23分钟就休息5分钟的方法。接下来，经历3个回合再休息15~20分钟。你还得在正确的事情上努力，并且消除错误。在许多事情上，你得充分利用、领导和指派员工来做，所有这些，都需要聪明的决策而非埋头苦干。实际上，为了做出优良的决策，你得让自己有时间喘口气并认真思考。

给自己留出这样的空间，也就使你清楚地发现如何高效地领导并富有创造性，即使有时候你可能觉得自己工作还不够努力。许多人建议，你必须比其他任何人都更刻苦。尽管这在体育运动领域可能更真实一些（即便如此，也要鼓励运动员高质量地休息和饮食，并且有针对性地训练），但在公司更高层次的功能中，比如决策、规划、市场选择、聚焦于创收的经营活动等，高质量的休息并给自己留出思考的时间，比起低层次的埋头苦干更重要。

我在商海沉浮中犯过的错

经常犯些小错，是情有可原的，但要避免犯大错。我也犯过一些错误，所幸没有犯生死攸关的大错，而且，所有的错误都让我吸取了宝贵的教训。当然，这些教训只在事后想起来才显而易见。在我早年的从商岁月里，我更多的是害怕犯错，这种心理阻止了我做出一些有益于成长的重大决策。

1. 在小任务上花了太多时间。

有的人通常更注重节约支出、财务费用和运营费用，而不是注重扩大规模，和他们一样，我也有一种深陷过度节约支出泥潭的趋势。由于收益递减规律[①]的存在，为了少量的节约而耗费的时间，最终会让你付出大得多的代价。我越是了解了要珍惜时间，便把时间看得越重要，但仍然时不时会回到老路上。我把省钱视为一项运动、一个爱好，知道自己能够以更低的价格、更好的条件来获得某笔交易，或者能够节约可能被浪费的资金，这感觉很好，但可能是我的致命弱点。有时候我感到自己得推翻这种方法，或者是根据保险报价来确立一种新方法，保险报价会令我花费更多的时间，尽管省了钱，却浪费了时间。

你也许和我信奉不同的"主义"，但如果你也和我一样的话，重要的是把时间换算成特定的金额，计算你每周给自己创造多少利润，然后用那个数字除以每周工作的小时数。如果你每周工作30小时，个人赚得了3万英镑，那么你的时间价值每小时1 000英镑。如果在省钱的时候1小时省不了这么多钱，或者1小时赚不到这么多钱，那么，你应当将自己的时间和精力集中用到能够带来更高收益的活动上。

---

① 收益递减规律是指在其他投入固定不变时，连续地增加某一投入，新增的产出最终会减少的规律。——译者注

2. 过于胆小，以至于不敢发布自己的信息并和别人联系。

我不是一个贪图舒适的营销员或者自吹自擂的人，乐于在后台工作，让合作伙伴在前头冲锋陷阵。不过，虽然你不一定要成为流量明星，但了解个人品牌有多么宝贵依然十分重要，特别是在社交媒体的世界中。把你的个人品牌视为一项资产，它是你经商或做其他事情的基础，花时间去提升它、培育它。如果人们能在谷歌、亚马逊、脸书或其他平台上找到你，那你应当重视在那些网站上你以怎样的形象亮相，并且从战略高度来考虑你想让人们发现和了解你的哪些方面。你得有一个故事，并且要让人们对你的故事感兴趣、受到鼓舞，进而因为这个故事而从你这里买东西，所以，你还应当和他们分享这个故事。假如你对自己的故事有所设计，也就对你的个人品牌有更大的控制力，便基本上能够指定主要的搜索引擎和平台上会出现些什么关于你的内容，而且也可以在这些地方展现你更加个性化的一面。

我建议你创建一个个人网站、一个维基百科列表，请一位作家把你自己的故事放到他的书中，然后把书拿到亚马逊网站上去卖，再创建一个脸书的页面、简介和群组，构思一个推特用户名，并在领英网站上有一些完全更新的简表。这些是最低标准。接下来，你可以再进一步，完善更多列表，将其推送到谷歌搜索、照片墙（Instagram）、拼趣（Pinterest）、色拉布（Snapchat）以及诸如此类的社交媒体上（假如它们与你的商业模式有关的话）。如今，人们的注意力的持续时间日益缩短，往往在极短的时间内相信或拒绝某些内容，因此，若是你的名字在搜索引擎上不能即时搜索，那你的故事便无法迅速传播，你在社交媒体中就没有占据一席之地。同时，你的故事必须是真实的、个性化的、投入了自身感情并且能够引起人们共鸣的，不能只是列举你的荣誉、奖章或者吹嘘自己。当然，在网上分享你的故事，一定会招致人们对你的评判与批评，但不论你怎么做，人们都会加以评判，因此你还得把握好分寸。

3. 因小失大（省小钱花大钱）。

为节约每一个铜板拼命省钱，将损害你的公司。我在寻求获取最大价值的过程中，把节约看得太重要了，以至于还曾给过去的一些业务关系带来了影响。节约成本绝不是终极目的，有时候，稍稍多付出一些，或者不太像罗威纳犬[①]那样紧紧看护自己的利益，可以保住一些良好的关系。供应商不希望自己被逼到墙角，同时，你也不想他们怨恨你。要选择好在哪些方面节约，时不时放手一些东西，或者为获得公平的价值而付出公平的代价，以保护好长期的业务关系。我能想到我们有时候在尽最大限度压低供应商的价格，结果却收到了质量较差的商品，或者，还有些时候，我们仅仅为了减少支出而降低员工的工资。我并不是说你应当浪费，但要记得对照你的时间价值来测量节约下来的成本。

过去，我总是不聘请最优秀的人才，不给最优秀的人才支付足够高的工资，以此来控制成本，这两件事情通常是"形影不离"的。节约成本固然重要，但更重要的是确保在正确的事情和正确

---

① 罗威纳犬生来具有警卫才能，欧洲中世纪时，有钱的商人为了避免钱财被盗，便把钱袋挂在罗威纳犬的脖子上。此犬个性沉稳，极富感情，也可作家庭伴侣犬。——译者注

的方面节约。我建议，不要对优秀的人才吝啬。当然，招聘过多员工或者懒散的员工，也不是个好主意，但要招聘值得的最优秀的员工。当你给最优秀的人才分配了适当的任务时，他们往往为企业带来数倍于工资成本的价值。你可能要稍过段时间才能适应这种想法，因为这似乎违反直觉（而且，一定也违反我的节约成本的心态）。罗伯和我开始创办公司时，十分注重这种"在员工身上省钱"的心态。如今，我们招聘最优秀的人才，给予他们优厚的报酬。你如果不时时刻刻谨守这条原则，会付出代价。你终将因为没能给客户提供最高质量的服务、犯下更多的错误并因此削减了盈利能力而遭受损失。

4. 自己动手做事。

和每一位小企业老板或者个体户一样，我也很想自己动手来做所有的事情，因为我觉得别人做事情不会像我这么出色，不会像我这么在意把事情做好，或者，请他们做好事情，要花太多的成本。这无疑会使你的格局变得很小，而且可能使你感到痛苦与扭曲。你将开始怨恨这个世界和你的客户，因为你不得不非常努力地工作，却只能获得极小的回报。然而，这都是你自己造成的。我们前面探讨过，为了成长，你必须放手。有的人在你不擅长的领域具有优势，还有的人则对你鄙弃的领域充满热情。去寻找他们，给他们付工资，并且照顾好他们。忍受那种总是与增长和扩张相伴相随的短时间的混乱，都是值得的。此外，和一个团队分享成功，也明显更有收获，驱走孤独并得到人们的支持与友情，有助于你在更艰难的时期渡过难关。

5. 找错了合作伙伴。

我倡导合作与合资经营，但要选对合作伙伴。那就是说，有些时候，你了解他们的唯一方式是仔细观察他们。尽管我和主要合伙人的生意富有成果且实现了可持续，但有的合伙人，合作一段时间后就离开了。我试着逐一了解他们。有时候，和狂野的假日艳遇一样，虽然一时间感觉美妙，但注定无法持久。此外，有些人你也许一开始就不能与之合伙，还有些人可能要从正反两方面花更多的时间和精力来思考合作与合伙事宜。

从建立、维持和激发某些合伙关系的角度来看，以下是一些不断出现的教训：

- 和朋友合伙做生意要小心和警惕。如果你有很好的理由开始和朋友一起做生意，也只有（在生意失败、你和他的关系弄僵后）当你不在乎失去这个朋友时，才走这条路。
- 不要一下子和太多人合伙。
- 首先订立明确的协议，然后确定各自的职务和职责。
- 持续不断地改善合作关系，不要只为了合伙而合作。
- 确保你们各自拥有不同的技能，但有着共同的愿景。
- 偶尔重新评估一下合伙人。
- 让合伙人做好自己分内的事，不干涉公司的经营。
- 信任他们，直到你有理由不再信任。
- 着眼于至少提供51%的价值。
- 经常性地稍稍庆祝（偶尔来次大型庆祝）。

- 在小事情上原谅对方，经常说谢谢他们，错了的时候说声对不起。

重要的是一开始就和合伙人订立明确的协议。尽早防止各方意见的不一致，将为你节省大量的时间和金钱，还使你能心无旁骛地发展你的公司，不至于陷入那些损害你们关系的各种纷争之中。最好的办法是把你们一致同意的条款写下来，并且各方都同意那些写下的内容。最起码，给每位合伙人发去一封电子邮件，让他们都知晓那些内容。这取决于你和某位合伙人到底是什么样的关系，可以选择和他们订立什么样的协议，比如咨询协议、股东协议，诸如此类。即使你认识、喜欢和信任这个人，而且你自己不是那种纠结于细节的人，或者不喜欢订立协议，我也强烈建议你事先跟合伙人围绕达成一致的事项订立某种协议，否则，时间一长，你会把这些事项忘得一干二净。

6. 不提供"内容"（写书或录播客）。

由于我对企业的运营和运转更感兴趣，因此，多年来一直没有理解提供内容的重要性。当然，我们都知道付出越多也会收获越多的道理，但我天生不具备阅读大量信息的能力。写篇文章，可能耗费我4个小时，在此期间，我还得克制做其他任何事情的冲动，比如研究、理发或者擦鞋（这些事情，我任何时候都不想做）。但有些事情还是值得花时间做的。你写出的每一篇文章，都有可能是一种资产，只是你得想办法使之变得珍贵、与多数人相关和经久不衰。每一篇文章都可能在谷歌搜索中找到，并且在社交媒体中使用、分享和发布。你在亚马逊上出售的图书，也许过了数年甚至数十年还在那里，不但会给你带来源源不断的销售收入，而且还会支持和提升你的品牌。在iTunes中发布的音乐同样也会持续数年，你的音频内容，能在iTunes、Audible等网站下载，也可以制作成CD，供人们购买和分享。你的播客和视频，可能在YouTube网站、Stitcher Radio之类的播客App（手机应用软件）以及其他网站上拥有数十万订户。一段时间以来，罗伯一直催促我发布播客，他的播客"破坏性的企业家"（The Disruptive Entrepreneur）很受欢迎。如果你在2032年还在读这本书的话，也许到那时，我现在录制的播客还能播放！

当然，随着信息消费的发展，一些可充分利用的新的平台将会涌现，在这些平台上，你可以分享你的信息并吸引一批忠实拥趸。如今，人们获取信息比以往任何时候都更容易，只需一部手机、一个廉价麦克风或者一个录音设备，便可以在多个平台上持续分享你的信息，别人也可以消费你的信息。不论你的企业或利基市场是什么，制作精彩的内容（大部分是免费的）将带来一批兴奋的粉丝，他们将成为你最铁杆的支持者，在你遭到他人指责时为你辩护，向你推荐新客户，当然还会买下你所有的产品与服务。因此，跳出即时销售的框框，着重发布能为你带来极大价值的精彩内容，那样的话，你将拥有强大的品牌和企业。

7. 招聘我喜欢的而不是与目标相符的人。

我觉得，我们全都会下意识地招聘和自己相似的人。这些人和我们一样、喜欢我们，于是吸引了我们的目光。因此，在招聘时，我们全都有自己的狭隘之处。我重点察看应聘者的简历，因为我觉得，应聘者过去的表现是预测将来的表现以及未来的行为的最准确指标。我想看到他们是否具有真正的经验以及曾经做好过哪些事情。

如今，"招聘态度好的人，因为能力是可以培养的"这种理念已经广受欢迎，但我发现它在很大程度上是错的。如果某个人没有能力干好这项工作，尽管他的态度积极，也不太可能出色地完成任务或者喜欢他的岗位。当然，我的观点也不一定正确，这只是我个人的理解。由于采用之前描述的方法来招聘，我可能错过或忽略了一些真正的人才，但从个人的角度出发，我不把招聘看成是一场赌博。我优先考虑的是寻找某个拥有得到证实的能力（因为我就是冲着这一点而去）并且能够长久留下来的人。招聘是昂贵而有风险的工作，严格地讲，新招聘的员工或者不优秀的员工会让公司耗费数十万英镑，包括招聘费用、损失的收入、浪费的培训费、客户的不满带来的损失，以及安家费等其他费用。

也就是说，你得在团队中设置一系列的岗位，招聘不同的员工，他们有着不同的行事风格与经验。比如你本人过去曾在足球队中担任过守门员，但把你的团队比作一个球队的话，你也不需要11名守门员。你不可能招聘到所有和你一模一样的人。你招来的人，必须填补正在考虑中的特定岗位，因此要招聘与你迥然相异的人。要根据公司的文化以及特定的岗位来招聘。重要的是考虑人们怎样融入团队并在其中工作，以及人们怎样密切合作和相互之间如何响应。你得十分清楚，虚位以待的岗位需要什么类型的人，并提出明确的职责描述，能够为那个岗位辨别关键绩效领域。对于高级岗位，重要的是在招聘和面试过程中再增加一个人参与。

8. 没有理解导师和朋友圈子的价值。

我在早年从商的经历中，身边是一些比我更成功或者在从商道路上走得更远的人，为此我感到自卑。我很可能没有好好对待朋友圈子中最优秀的人士，或者，如果我确实好生对待了，也只是很短暂的。如今我认为，假如拥有一个广泛的圈子，圈子中包括导师、同行、专家以及令人鼓舞的成功人士，可以接近他们，和他们建立友谊并且合作，这是极其重要的。人们说，你的圈子就是你的净价值，我也明白，随着企业不断发展，我接触的人的素质同样在提升。当然，随着时间的推移，这种势头会自然而然地持续下去，但你可以有意识地投入时间、持续不断构建你的朋友圈子，并且向你行业中"最有价值参与者"（MVP）和精英请教和取经。根据托尼·罗宾斯（Tony Robbins）的观点，和你关系最亲密的5个人的品行，决定着你的品行，这和中国古人说的"近朱者赤，近墨者黑"有异曲同工之妙。因此，你可以通过努力构建并精心培育朋友圈子来提升你的净价值，也可以把你的圈子视为一种可以产生收益的资产，好比房产或者任何其他类别的资产。

9. 听从那些表面上看似是官方人士的建议。

多年来，我和政府部门人士展开过各种各样的斗争，特别是当我认为他们在某个问题上犯了错时。委员会的规划部门通常告诉人们要做哪些事情或者拒绝批准某些规划，后来却被检察官推翻，因为检察官认为不正确。法院（尤其是郡一级的法院）做出的判决，常常被更高级的法院推翻。警察和停车场管理人员也时常因为错误处罚而取消开出的罚单。关键是，不要仅仅由于人们处在官方的地位，就自动接受或相信他们对你说的话。当然，我前面提到的大部分人都在帮助管理体系平稳运行，他们的建议应当有助于你。不过，总有些时候，你会觉得不公正的事情正在发生，在这些情况下，可以通过收集证据并转交给独立的、没有利益冲突的专业人士以寻求建议，验证他们所说的话是真还是假。

> 谨慎选择你的战场。过去，我曾在一些不值得花时间的小问题或者将会产生消极心理能量的小事情上浪费了时间。从长远看，这将殃及你公司的发展和你个人的幸福。放手吧。

在我们的"进步房地产公司"多年来的发展历程中，偶尔也遇到过紧张的对峙局面。尽管我并不希望一天的生活以这种方式结束，但有时候，我们的确是在争吵中结束一天的劳作。举个例子，我们遇到过一个类似的情景，起因是我们在商业停车场内的一个小小的停车问题，后来演变成一场大规模的冲突。随着我们开发越来越多的课程，更多公司派代表来到我们公司现场。代表一多，当然意味着车也越多，而且全都需要停车的地方。几年前，我们开始给客户写信或发邮件，请他们把车停在停车位里，便于我们统筹安排附近的停车位。但有些人就是不听劝告，继续把车停在不该停的地方。于是，随着我们把更多的小企业课程纳入培训计划，停车问题到了一发而不可收的地步。此时，这栋楼内的一位居民开始四处奔走，以求赢得其他居民的支持，想把我们赶出这座建筑。由于他的办公室里有很懂法律知识的员工，于是他召集其他居民召开物业管理大会，告诉大家他们想对我们发出什么样的威胁，并且想把我们赶出去（即使我们拥有这栋楼永久的自由处置权）。

后来，我参加了他们的一次会议，在会议之前做好了应对的准备，并把解决办法写了出来。我很快发现，有两个人扮演主要角色，把对我们的不满说了出来，并说服了物业管理公司的经营者。经营者说，如果我们不停止在这里举办的培训活动，会以我们违反了购买这处房产时订立的契约为由，将我们告上法庭。其实，我原本也可以离开，卖掉我们在这栋楼中价值数十万英镑的股份。不过，由于在这里投入了巨资，我决定不能被他们欺负，于是聘请了一位律师给我们提建议。律师给我们反馈的建议是：管理公司提供的合约已经变更了，不能再强制执行，或者说不再相关了。律师还指出，我们是这栋楼最大的业主，拥有着物业管理公司30%的股份，因此，如果没有我们的同意，采取任何行动都是十分艰难的——显然，我们不可能同意采取针对我们自己的行动。

后来，我们进一步加强了对进出停车场的车辆和人员的验证，优化了引导标志和座椅区。而当我收到委员会发来的信息时，他们也迅速做出了让步，转向下一个话题，仿佛许多人已经知道这件事情最终的结果就是这样似的。不要相信任何人告诉你的事情，特别是那些在告诉你某件对你不利的事情时却拥有既得利益的人。

我们的竞争对手犯过的错误

没有哪位企业经营者会为他们的竞争对手填写一张反馈表格，指出后者犯过的所有错误。但是，竞争是健康的，它创造并保持了公平的市场，因此，竞争对手常犯的错误，为你树了一些先例，你可以从中学习，使得那些错误让包括你在内的所有人都受益。

1. 即时满足。

那些有机会迅速赚大钱的商业模式，或者是热衷于制造这种幻觉的商业模式，几乎都不能持久。如果能够轻松赚大钱，每个人都会去做。许多承诺一夜暴富的商业诡计，要么无法兑现它的承诺，要么以牺牲客户的利益为代价来产生利润。这些商业诡计起初可能给人留下确实能奏效的印象，但往往回过头看令人深受困扰。有些经验不足的企业家认为，应当把注意力集中在轻松且快速赚钱的乌托邦式的计划上，这是一种可感知的智慧，但这种所谓的智慧，通常是愚蠢的。根据我的看法和经验，缓慢而不经意地赢得投资利润，是一种好得多的成功模式，因为这种成功包含着复利、盈利势头、杠杆借贷以及可持续性。

我见过一些寡廉鲜耻的企业家向毫无经验的投资者出售股票，尽管他们知道股票不赚钱或注定亏损，也要诱骗投资者斥巨资买入。代价是什么呢？可怜的投资者通常不了解投资产品，到头来发现自己只是买入了一些不切实际的预测，而这些预测，恰好是由售出股票的企业家做出的。其结果总是一样：毫无经验的投资者最终亏损了大笔资金。由于商业中信誉代表一切，因此，始作俑者也会面临丧失他们的可信度的后果，让人们觉得他们的所作所为与其身份不相符，特别是，尽管他们这一回牺牲投资者的利益而轻松赚到了快钱，但基本上扼杀了将来的收益。

2. 紧盯价格竞争。

当开始以低于竞争对手的价格销售时，你便把自己置于灾难性的急剧下滑之中，最终只能赚到非常微薄的边际利润，使得生意难以为继。这当然不是只在商业竞争中才有的现象，各行各业都出现过。人们以为，降低价格或者比竞争对手的价格还低，便能得到更多客户的青睐。这是一种常见的谬误。如果某件物品看起来便宜，很多人会怀疑他们能从中获得多大的价值，而且，低价通常还表明缺乏自信和经验。

当将价格压得比竞争对手更低时，你便是在吸引市场中的低端客户。这些客户想花更少的钱获得更多的价值，通常占用了公司员工更多的时间，也消耗了公司的日常管理费用。他们也许还是你面对的最难缠的客户，让你很难应对，很难使他们高兴。另外，讽刺的是，若你采用低价竞争策略，还可能驱走了更优质的客户，因为他们会花更高的价钱去买更高级的产品或服务。我们目睹过许多竞争者进入我们的市场后，向客户收取低得不可持续的日租金。他们常常难以用这些租金来填补利润指标，于是很快就放弃了，转而做别的生意。在刚刚起步时，拥有销量低一些、边际收入高一些的产品和服务往往好得多，而且，如果你被迫降价，总是可以和客户协商谈判，但如果你要提价，很少能和客户谈拢。

3. 销售得太多或者根本不销售。

平台销售不是我擅长的，我如果依自己的方式行事，可能绝不会在没有经过协商时以某种方式销售。这种心态的问题是，你可能赚不到太多钱，而且在有人卖出东西之前，产品的销售基本没有什么动静。说到销售，你通常会亲眼看见一些极端的情况：要么，人们像我一样，不太公开地销售；要么，人们在销售上下的功夫太狠了，急于求成。当你太过拼命地销售时，人人都会对你敬而远之。没错，通过软磨硬泡，你也能卖出一些产品或服务，但随着逐步升级，这种销售给人的感觉是变味了，而且觉得你在不顾一切地推销。为什么不在这两个极端中把握好平衡或者聘请专门的销售人员呢？专业销售人员不但乐于推销，还会优雅地卖出产品或服务，与客户保持长期的关系，珍视通过快速、艰难的销售业务而建立起来的声誉。在将来销售的过程中，重要的是知道什么时候要逼得狠一点，什么时候又不该逼得那么狠。要学会和练习可持续的销售技巧，以便与客户建立关系，而不是学习廉价的、更接近花招和诡计的销售方法。

要练习可持续的销售而不仅仅是直接销售，可采用多种方法。如今，我们能以极低的成本、不冒任何真正的风险，比从前更容易地创建部落、社群，吸引追随者和粉丝。你可以提升在所有社交媒体平台上的曝光度，比如脸书、推特、YouTube、领英、色拉布、照片墙以及播客网站。这些平台使你能够与用户、读者、听众进行沟通、互动，为他们增加价值。你可以建立一种互惠互利的关系，构筑一个共同的圈子，将自己塑造成值得信任的权威人士。这种方法使得销售成为一种更加愉悦、舒缓和可持续的体验。在需要客户掏钱的时候，不要只是呼吁他们掏钱，而要尽力为你的圈子连续不断地提供价值，并且为其服务。然后，当你确实为圈子中的朋友做了些什么时，你会赢得一群渴望从你那里购买产品或服务的买家。

4. 缺乏耐心和长远思考。

有一种说法认为，人们高估了他们短时间内能够取得的成绩，但低估了他们一生中可以创造的成就。我完全赞同这种说法。我亲眼见证了太多的人和公司缺乏耐心坚持下去，或者做出一些十分短视的决策，对将来产生不利的影响。不能一开始就预料自己取得令人兴奋不已的成功，你如果真的做到了，应该感恩，但不要让它扭曲了你对自己的看法，只是把这种巨大的成功视为你刚开始时的好运气，让自己始终保持不断进步的心态，继续前行。

我们生活在即时解决的社会。媒体大肆美化成功，但总有许多的诡计和骗局在考验着你的长期视角。长期渐进地取得成功，远比一下子取得巨大成功然后就偃旗息鼓好得多。如果你起初并未成功，调整策略，转移重心，再试一次。这些全都是硅谷专门用来描述改进和再尝试的术语。许多人并没有弄清楚从头再来的不利之处，只看到了巨大的承诺、炒作和兴奋感。快速和疯狂赚钱的方法，最大的缺点是可能让你成为那种频繁地开始，停下，再开始，再停下的人。当你创造了类似这样的纪录时，客户一定要先了解你在做什么，然后才会对你所做的事情花时间或金钱来支持，或者购买你的产品或服务。

5. 不能承受压力和接受批评。

胆小的成年人不适合做生意。要把你的脆弱、缺乏自信以及自我防御全都拿到生意场上接受考验。把自己放到生意场上，期待财源滚滚而来，那就不能指望不受到别人的批评、憎恨甚至质询（也就是那些通过在线方式匿名对你进行跟踪和批评的人）。有时候，人们的批评并不客观，还有些时候，尽管你尽了最大的努力，还是犯了错。但谁没犯过错呢？我不能说，犯了错就一定会让你更轻松或更好地处理事情，但我可以说，制定一些策略并拥有了经验，以便通过良好的沟通、优雅的公关或在必要时请律师出面等方式来抵消那些负面的事件，你一定能把事情处理得更好。说到法律途径，还是谨慎对待为妙，因为打起官司来，只要有律师的参与，通常他就是唯一真正的赢家，无论是原告还是被告，往往都不是赢家。

许多人以为别人的批评都是针对他们自己的，这也不能怪他们，只是他们没有意识到的是，每个人都会遭到别人的批评。正所谓"人红是非多"，你变得越发优秀和成功，别人对你的指责和批评也越猛烈。我早年曾天真地认为，我越是出色，受到的批评和指责便越少。谢天谢地，我在和他人开展商业合作时，往往是更安静的那一个，因此，我的合伙人通常比我更容易招致批评，对此我也心安理得。

财务管理中的错误观念

和经商一样，制定可行的、能盈利的财务策略的过程，部分在于思考并列举哪些策略不管用，这既要运用反常规思维，又要运用逆向投资理念，以便增大成功概率。我们已经探讨过，从他人的错误中学习，意味着你不必自己再去犯那些错误。

财务管理中常见的错误观念

1. 买新东西更好。

很多人以为新东西维护成本更低，但这并不总是对的。以新房为例，你抓住机会买下一套，但根据一贯的标准，房子越新，通常总是越贵。无论你买下什么新东西，特别是汽车和房子，总会出现明显的折旧。出于情绪上的原因，人们总喜欢拥有新东西，但在投资中，二手物品的折旧曲线明显更平坦一些，有利于你降低成本，而且物品可能会有更多的升值。在某些情况下，比如有的汽车品牌，贷款买下新车一段时间的使用权，可能更划算一些，因此，永远不要自以为是地想当然，而要时刻计算购买和拥有使用权的真实成本。

我最喜欢的一些例子是诸如办公室和电话系统之类的东西。和购买一套几年前建成的二手的办公室（或者房子）相比，购买新的办公室或住宅通常是一种劣质的投资。新的办公室和新房有点相似，往往会贬值，至少在其生命周期的最初几年是这样。例如，我写这本书时，在我的家乡彼得伯勒，一间10年之久的办公室的购买价格可能是每平方英尺130英镑（约合每平方米3 423元），只合到新建办公室建造成本的一半。现实是，在10年间，新办公室和二手办公室的价格很有可能向一个点聚集，比如，可能都价值每平方英尺150英镑（约合每平方米3 950元）。在其他因素相同的情况下，作为一项投资，办公室越陈旧反而越好，其价值相差每平方英尺120英镑（约合每平方米1 050元）。假如某间办公室足以容纳30名员工，面积为3 500平方英尺（约合325平方米），那么，新旧之间的价差有几万英镑。用这些钱来进行一番整修，比如安装有线电视、照明系统、配备办公装备等已经足够了，甚至还有一些盈余，你可以进行再投资，或者满心欢喜地把它们存起来。

有的公司想方设法向企业家出售价格高昂的新电话系统，动辄数千英镑。当然，根据销售员的说法，它们是必备的办公设施，有点类似于IT维修公司告诉你说，你每隔几年就得更换新的服务器。我会花些时间认真考虑是不是真的需要那些东西。通常情况下,更好的办法是首先投入小额资金作为启动资本,稍晚些再买这些东西,当真正需要它们的时候再升级换代。有的销售员在推销电话、电脑或IT系统时,可能会说它们具备"为你创收"的能力,但我总认为它们"纯属消耗"。在初创公司中,应当严格保护资金,把每一个铜板都当成囚犯牢牢看紧,不能轻易放松看管。另一个例子是办公家具,它们似乎有着巨大的提价空间,而且也有着极大的贬值空间。为什么不到其他公司停业清算大拍卖的现场去看一看,或者在亿贝等网站上搜索你需要的东西呢?让别人为你承受这些东西的贬值损失吧。你不需要装有速度最快的运行芯片和各种高档小部件的最好的电脑,买一些能够满足需要的中等装备即可,不要为了好面子而购买高档的新装备。

2. 拥有使用权(或出租/租赁)更好。

有的人认为买新东西更好,与这种心态很大程度上相同的另一种保守的想法是:只在你买得起的时候才买东西,绝不用信用贷款/欠债的方式来买。说贷款购买贬值的资产并不是好主意,我基本上完全赞同,但我们还应当计算资金成本和拥有某件物品使用权的真正成本,而且,包括费用、采购和退出成本以及便利性等因素在内的"所有权"的真实成本,也应该考虑。当前,从互联网经纪商那里采用合约出租方式租用新的奔驰、宝马、奥迪,比起购买新车甚至是车龄两三年的二手车,明显划算得多。此外,你还不必去应对从私营经销商那里买车和卖车的各种麻烦。有时候,最好是从购买或转租某套房子这两个选项中做出选择,而不是只考虑买下它。还有的时候,最好是租用而不是买下办公室。当然,在另一些时候，买下也许更好，但前提是你的资金充足，打算安定下来，财务成本相对较低，而且时机很恰当。

3. 存钱总是件好事。

实际上，存钱只比花钱高一个级别而已。当利率较低，通货膨胀超过利息上涨的幅度时，存钱可能不太划算，此时储蓄现金也许代价昂贵，同时，除了应对不利局面和自我保护必需自留的现金之外，手中还握有更多的现金，可能不是一种精明的理财方式。

这里提出两条注意事项。如果出现下列情况，绝不能投资：

- 你对投资不熟悉而且没有储蓄时。首先应该充实你的储蓄账户。
- 利率较高而且你在储蓄上获得较好的回报，这些回报超过或等于其他的投资并战胜了通货膨胀时。不过，在很长一段时间内，这种情况不可能出现。

除了这两个因素，你都应当把资金放在银行以外的其他地方，以保护资金，可以首先投资于风险较低、受到监管的投资产品。然后，随着你逐渐积累财富，可以在投机性更强或风险更高的投资渠道中增大投资。接下来，你得分散投资并保障你的财富安全，但不要采取将钱存入银行的方式。

4. 频繁地变来变去和推倒重来也没关系。

我特意用一节的篇幅来专门描述这种不正常现象，就是因为这种现象频繁出现,并且大规模地侵蚀着人们的财富。说到贷款融资,你得缴纳一些附加费用、在时间方面付出机会成本,以及承担巨额的初期成本,因为刚开始贷款时,你的每一笔分期还款中需支付更多的利息,实际偿还本金的额度往往很少。所以,不要频繁地改变你的理财方式,除非经过计算后发现贷款期限内有一桩明显更好的生意,才做出改变。这样做的成本通常是隐秘不见且飘渺不定的。在商业、金融业和投资业中打拼,当你能够分析这些时,便能够通过逆向投资获取利润。

5. 所有的独立财务顾问/财务顾问都知道他们在说什么。

当然,并非所有的独立财务顾问/财务顾问都一样。这里的重点是,不管什么人给你提供理财投资建议,一定要核实和研究,毕竟,承担亏损风险的是你而不是他们。他们中的许多人不会在他们向别人建议的投资产品中投资,而且,当他们为某些产品做广告时,可以获得更高的佣金。有些顾问是主流银行中的新员工,是论坛或社交媒体群组中的"键盘侠",没有任何真正的投资经验。你得好好看紧自己的财富,不要在乎其他任何人,把自己的时间用在刀刃上,了解自身的资金和财务状况以及如何有效地配置、管理和增加自己的财富。没错,我们都希望杠杆融资和业务外包,但绝不可能将生养孩子的任务外包给别人(孩子的妈妈兼职保姆这种情况,可能是个例外),因此,不要把保护资金和财务管理的任务外包出去。

6. 贷款融资总是好事。

贷款融资会带来一些绝不能忽视的相关风险,因为你需要的是钱，你越需要钱，就会显得越急切或者是内心真的感到越发急切，也越是容易出卖股权或者不考虑财务成本。巨额的贷款可能给企业现金流增加压力；高额的利息支出，可能使原本盈利的投资变得亏损；出售公司的股权，可能将公司的控制权拱手让出。尽管巨额的现金十分诱人，却常常使人们变得非理性，进而做出愚蠢的决策。彩票中奖者是这个方面的典型例子。当然，贷款融资制造了杠杆，但你如果不能有效管理已有的资金，那就绝不要寻求更多贷款。

我在财务管理中犯过的错

1. 不去足够细致地测量财务指标。

做生意，最重要的事情之一是测量所有的指标：资产净值、利润与亏损、资产负债表、企业日常运营费用、所有的成本、直接债务、个人支出……一切的一切。没有经过测量的东西，你不可能熟练掌控。在早期的创业生涯中，我并没有测量所有这些有益的数据，因此没能发挥优势来做出良好的战略决策。我绝不会再犯这个最基本的错误，尤其是当它如此容易纠正之时。此外，测量所有涉及财务的关键绩效指标也是件有趣的事情，特别是假如你像我一样，稍稍有点痴迷于自我控制的话。测量了这些指标，你便实时地、准确地掌控了自己的进展情况。当指标向好时，你感觉很好，可以通过数据看到经过自己的劳动与热忱浇灌后收获的果实。

随着从资产和业务中产生的收益在增加，你会越来越轻松地填补日常支出，并且可以将盈余的收益再投资，以产生更大的回报。相反，假如每次收入增加，你却把它全部用于提高生活质量，那你会变成收入的奴隶。为什么不确定某些宏伟的目标，规定每个月存下多少钱来进一步投资呢？

随着时间的推移，复利的力量开始变得强大且势不可当。好比一个巨大的雪球，每滚一轮，就变得越大。你的回报同样如此，每次你可以把自己上一年存下来的收入用来进行再投资，然后产生更大的回报，依此类推，这意味着你的财富将获得指数级的增长。我给自己定下一个目标：支出不超过收入的25%。自从定下这个目标以来，我每次都做到了。这给我留下了大量的备用现金来进一步投资，因此"雪球"也滚得越来越大。我发现，集中精力这样做，就会使复利效应更加明显，因为保护和利用资本，创造了更多的收入，而这些收入又带来了更多的资本，这些资本又进一步创造了更多收入。很快，由于你的收入基数增大，不论你多么草率地花钱，你都很难将"收入的25%"全部花完了。

2. 过度依赖自己的资金，没有用足杠杆。

十几岁和二十岁出头时，我就开始涉足投资和创业，创办了一家又一家的企业，并将赚来的大部分利润存下来。我以前有一些互联网公司，得到了亚马逊和亿贝之类的网站的推广。我从海外买汽车回来，然后在英国销售。父亲曾向我灌输了一条核心原则：把所有的钱都存下来，一分也不花。不过他太极端了。正因为受父亲的熏陶，我也形成了一种非常守旧的观念，那便是：绝不能用你手里没有的钱来投资，而是要辛苦地攒钱。这种策略的一部分好处在于节约了浪费的资本，但并没有充分利用杠杆融资的力量与优势，因此，发展速度明显慢得多。

根据我的看法,你得平衡地用好杠杆融资。假如你没有足够的杠杆,手上只有你的自有资本,没有其他人的资本,那么,只要这适合你,就没关系。你如果过度利用了杠杆,便将自己暴露在风险面前,难以承受市场的微小波动,而且资金成本的比重会超过收入。我在过度谨慎和杠杆融资运用不足这个方面做得比较多,而许多人则跟我恰恰相反。尽管我采用的这种方法保护了我,但也放慢了我发展的步伐。

3. 以固定利率或者是缴纳手续费来借款。

谢天谢地,如果说我借过钱的话,我总是用它们挣来了利润,然后再还给别人。我非常担心会亏掉别人的钱,以至于不会过度冒险。不过,为了购买和售出数百套房产和其他资产,以及为了保证运营费用,我借出和借入过大量资金,在此过程中,我自己也犯过一些尽管通常是天真的却相对无害的错误,并从中学到了经验与教训。

过去,我申请了太多的固定利率抵押贷款,以对冲不断上涨的利率。虽说欠一些固定利率的债务可能是个好主意,但过度依赖这些贷款产品,到头来常常让你损失更多。这跟保险产品有点类似,固定利率的产品,通常已经将市场认为在该产品生命周期内会发生的利率变动等因素考虑进来了。除此之外,申请这种贷款产品,可能存在一定的边际利润,这也和保险费稍稍有些类似。显然,当你将固定利率与可用的跟踪利率相比较时,只能根据固定利率是不是能够为你带来良好的价值而做出决定,而且更重要的是,还要考虑抵押贷款的期限。将最初的贷款产品的费用和退出费用结合起来,这才是要考虑的最重要因素。我通常会选择一种跟踪利率，考虑固定利率与跟踪利率之间的差别，并且将这一点作为我自己的现金流抵押贷款的保险缓冲措施，以防在抵押贷款期间利率上涨。在早期从商的经历中，我没有意识到这些费用到底会累加到多少，因而极大地增加了我实际支付的利息。

我还险些取得利率低一些的复杂外汇抵押贷款，或者是那些兑换其他货币的贷款，以求随着时间的推移减少贷款额。我发现，这些贷款计划大多数最终确实能维持一段时间，但是，你已经借入的货币升值的风险，以及你偿还的抵押贷款及贷款余额与英镑兑换时升值的风险，却是非常真实的。我发现，在任何一项业务或投资中，越简单总是越好。而这些贷款产品则完全与之相反。

过去，我还从商业借贷机构和过渡放贷者手中借贷，这些机构和放贷人的"其他"费用特别高，可能包括银行贷款手续费、听命于放贷人的律师的费用（另外还有你平时聘请的律师）、某一项目开发期间的评估费用，以及退出费用（它甚至还与项目的总开发价值相关联）。不论是哪种类型的贷款，你都可以预见会出现这些费用，因此，重要的是在评估"全包"的费率时把上述这些费用全都考虑进来。例如，说到这里，我想起了一位为企业发展提供贷款的人士曾经说过，他们的费用大约折合7%的利率，但实际上，如果把所有费用都算进来，最终的"全包"费率超过了12%。一般来讲，只要你把所有费用都累加起来，会发现自己不可能获得低于15%的"全包"费率的过渡性贷款。假如你只能以这一种方式获得资金，而且你去做的生意可以赚到足够的利润，这也没关系，但通常情况下，你的生意产生不了那么多利润，而你可能变成了忙碌的傻瓜，到最后还亏掉老本。从我个人来讲，更喜欢做一些规模较小的项目，使用费用低廉的融资和贷款，或者用我的自有资金，在投入较少时间和承担较小风险的前提下赚到相同数额的利润。

我们的竞争对手在财务管理中犯下的错误

1. 不想办法与银行接触并建立关系。

过去，你常常需要打扮一番，去和银行经理面谈，才有可能获得银行贷款。如果你和他可以熟络到家庭好友的地步，那会有利于提升你的信用，并帮助你取得贷款。最近几年，贷款变得更加自动化，由电脑决定"能放贷"还是"不能放贷"（后者更加常见）。随着你在从购买住宅出租发展到商业贷款的食物链中的位置的变化，和银行经理建立并培育良好关系再度变得重要起来。许多依赖经纪商的本地竞争者，最终获得的是缺乏灵活性、利率更高、下跌风险更大的贷款。与有实力的银行及出色的银行经理建立良好关系，可以提高你借到贷款的能力，这也可以视为一种时间投资，到最后能让你获得丰厚的回报。有时候，我们很想从一家银行转到另一家银行，或者受到竞争的银行的营销手段及其推出的竞争条款的诱惑。但还是建议你不要放纵和破坏与银行好不容易建立起来的密切关系。

2. 情绪化地而不是理性地支出和借贷。

我会在本节结尾时探讨那些助推不良投资和不好的商业决策的主要情绪。这些核心的教训也适用于财务管理。你如果在自己极度渴望资金时借贷,并且让恐惧或贪婪的情绪助推自己做出贷款决策,那么,有可能只为了获得贷款而承担不必要的风险。你会十分迅速地做出决定,不充分细致地考虑安全问题,而且到最后支付过高的费用和不可持续的利息。当你的情绪高涨时,一定要十分谨慎,不去消费或借贷。考虑一晚上,把问题留到第二天解决。认真思考,搜寻更多可行的、不会让你付出太大代价的替代贷款产品。很多时候,人们贷款或借钱之后出现亏损,原来是他们的绝望或贪婪情绪在促使他们这么做,接下来,他们会做出片面的和不可持续的决定。

3. 在错误的领域中支出、投资和借贷。

购买超级昂贵的办公室和汽车,是这类错误的一种表现形式。某家企业坐拥豪华办公室和豪车,往往制造了一种假象,似乎企业很有钱,很有竞争力,但实际情况却不是这样。错误的支出,还可能涉及举债购买各类物品,从电脑设备、办公家具、汽车,到公众无法看到的东西以及其他可折旧的物品。虽然我极力倡导保护资本,但如果拥有某些东西的绝对成本较低,我也会考虑贷款购买而不是用现金来购买它们。不过我发现,我的竞争对手不会出于上述原因来采用这种策略。他们常常采取一种虚荣的进攻态势,还没等他们明白过来,就在日常管理费用方面背负了沉重的压力。

4. 不管理/不考虑安全。

在房地产领域,有这样一些相对不太为人知晓的案例。明显有着较好声誉的人们从客户手里拆借了资金,之后的发展势头完全不对劲了,导致他们拖欠还款。客户提起诉讼,法院判令强制执行,有时候还给借款人的声誉造成了损害。拆借资金本来没错，但我认为应当谨慎从事，事先做好尽职调查，要通过管理或者最起码确立一个界限来确保适当的安全性。除此之外，借贷双方应围绕公平利率展开协商（过高的话，借款人会难以偿还；太低的话，放贷人将赚不到公平的利息），事先订立适当的合约或贷款协议，在其中拟出明晰的条款、时间期限以及"假设的情景分析"，写明万一事情出现变化或者出了问题该怎么办。在借款或放贷时不要掺杂情感因素或者急于求成。遵循合适的行动计划以及必要的保护措施。

5. 使用还款额只含利息的或者还款额既含本金也含利息的抵押贷款/贷款。

说到根据还款额只含利息的或者还款额既含本金也含利息的条款来贷款，大多数人似乎走向这两个极端中的任意一个。当然，你必须偿还贷款，但是，靠某些资产类别来偿还贷款，实际上增大了每月的支付额，反过来减少了现金流。事实上，你不可能从很多买房出租的放贷人手中获得这种还款额既含本金也含利息的抵押贷款，这是一个告诉放贷人某笔贷款的现金流可行性的关键绩效指标。

用一个特殊的例子来说明。为了创造房产现金流，在那些增长得到了数百年来的数据证明的地方，获得只分期归还利息的抵押贷款，将增加每月的现金流。在这种情况下，只要你做出了合理的规划，通货膨胀/房屋价格的上涨，应当能在最后时期基本上覆盖偿还的资本，而且还会有明显的收益盈余，并在贷款期限内积累现金流。

相反，在某些情况下，还款额既含本金也含利息的抵押贷款是更好的选择。如果月收入中有足够的边际利润，那么，这种抵押贷款久而久之将减小资金总额，抵销将来要一下子还清所有欠款的冲击。同时，看到你的本钱在市场份额不断增长和贷款额度日益减小这两个方面都呈现良好势头，也是一件好事。除此之外，许多商业放贷机构不会提供只分期偿还利息的贷款，因此，这个选择其实并不存在。如果你把每月还款的成本考虑进来，这可能迫使你去寻找更好的生意来填补日益增加的财务成本。最重要的是，任何能为你带来更好生意的东西都是好东西，只要它依然有可能让你争取到好生意。最后，还款额既含本金也含利息的抵押贷款，通常有着较低的利率，因此，有的时候，利率为3%的这种贷款，胜过还款额只含利息、利率为5%的同等贷款。

| 投资中的错误观念 |

作为投资者，最好是购买那些推销做得很糟糕却是优质的资产。这方面的一个好例子是和传统的房地产经纪公司一起搜寻待售的房子，而且这些房子没有在市场上大张旗鼓地推销。这些房产经纪公司通常地理位置很差，在网上几乎没怎么亮相，没有塑造成品牌，也没有建立一支积极主动的销售队伍，所有这些迹象，表明这是一个寻找生意的完美地方。如果房子本身年久失修，你可以对它进行一番整修，使其价值上升，甚至比原来更好。商业住宅以及许多的消费品也是一样。开市客（Costco）是另一个很好的例子，他们为顾客提供真正物美价廉的高质量产品，尽可能压缩营销活动，依靠基于会员的客户，其产品通常比繁华商业街上的其他大品牌的产品质量更优。

在经济周期中的任何时期，不被青睐的资产也可能被证明是好东西。我们知道，资产的价值部分与人们对它们未来价值的预期相联系，因此，假如你的预测跟市场的感知完全相反，那么，投资于那些市场认定是乏味的或者将来并不看好的东西，是一件好事。商品、房产、贵金属、葡萄酒、汽车、手表等，在每个周期中既有可能被人们视为珍宝，也有可能被人们视为鸡肋，你的职责是破译哪些已经跌得太惨，哪些则已经涨得太疯。

投资中常见的错误观念

1. 你可以瞅准市场的时机来操作。

这种错误观念普遍存在。关于这个话题，你一定听过许多的街谈巷议，但事实上，如果没有"事后诸葛亮"的帮助，你不可能瞅准市场的时机操作。试图选择市场的时机来操作，以进行短线交易，是一个傻瓜的游戏，有太多的事例曾证明，企图这样做的投资者，到最后往往输得精光。沃伦·巴菲特说过，你可以预测市场将会发生什么，但不能预测何时发生。如果你可以准确预测接下来将要发生的事情的时机，并能准确知道它将何时发生，那可以一夜之间摇身变成亿万富翁了。当然，许多投资者或交易员显然完美地选择了市场的时机来操作。我曾和一些"优秀的选时操盘手"进行过真诚而亲密的探讨，他们是一些投资者和企业家，从这种波段操作中赚取过数百万美元的利润。他们都说，选时操作一要把握得好，二要靠运气帮忙。他们能够运用自己数十年来在投资业中摸爬滚打的经验，从而获得良好的直觉并做出决策，接下来，没有人能够预料的运气或者逆向投资，便开始发挥作用了。不过，每一个和我探讨这些的人，在冷静思考并且放下自我之后，还向我讲述了一些具有警示作用的故事——关于他们过去做过同样的事情但结果却糟糕得多的情况。

决不要根据基于时机选择的商业、投资和财务决策来冒险对待你的大部分财富。要清楚的是，如果你正以这种方式决策，那你的行为中有很大的投机成分。

2. 热点能赚更多的钱。

本书通篇散落着一些关于大多数追求热点的人最终以失败而告终的故事。如果将长期的业绩（至少是长达15年甚至更长时间的一个周期）平均起来计算的话，你会发现，在某些"热点"领域中的快速增长效应，到最后都趋于平缓了。例如，你可能发觉，英国房地产市场在一个周期之中平均的增长速度，与上年同期相比增幅为每年7%。记住，热点通常不是现实中的热门，只是被炒作起来的对象。但让我们暂时对这个主意开个玩笑，假定销售员推销的热点事实上是热的。它可能在周期中很短暂的时间内确实是个热点，比如奥运会临近，或者当地要改建或新建铁路线，但过了这个周期之后，无法继续"热"下去。在周期中的其他部分，与补偿"热点"冷却下来之后的利润缺口相比较，利润的增长将被压缩，而如果将整个周期的增长平均起来的话，大致与全国的平均值相一致，差距只在毫厘之间。许多人没有添加到计算等式之中并加以考虑的部分是由于追求热点而导致成本和时间投入都增加了，并且缺乏控制（一旦缺乏控制，除非十分幸运，否则会被别人从专业领域中排挤出来）。你即使距离那些热点地区只有50~80千米，也会足够多地增加时间投入和成本，进而侵蚀1~2个百分点的利润，而这有可能是你全部的净利润。

你对某个集中区域（地理位置、资产类别以及利基市场都集中）了解得越多，就能获得越高的回报，也能降低管理、维护、犯错的成本与代价，并且压缩更多其他费用。追逐热点是情绪化的、冲动的举动，并不是将所有因素与成本考虑进来之后得出的经过深思熟虑和全面的决策。

3. 说"让我们谈判吧"是一种好技巧。

如果你参加过谈判，那么不要告诉谈判中的另一方你正打算做什么。你在说出"让我们谈判吧"，或者说到谈判中的事项的那一刻，便向对手透露了过多的信息。精明人知道你是"容易摘到的成熟果子"，另一些人可能觉得被你操纵了。你经常在《飞黄腾达》和《龙潭》之类的节目中看到这种天真行为。关于谈判的另一个要点是不要在谈判中过于计较。如果你在和供货商谈一桩一次性的、绝不会有第二次的生意，将来再也不会和他碰面，那可以报出一些不切实际的价格。但在大多数情况下，这么做只会惹恼供货商，并损害你的声誉。你花好几年时间建立起来的声誉，可能在一朝一夕之间就被损害了。

真理还没机会穿上裤子，谎言就已经满街跑了。

温斯顿·丘吉尔

4. 全都涉及回报。

许多人热衷于根据他们将从某项投资中获得的回报的百分比来做投资。海外投资者或者领域之外的投资者尤其如此。我见过太多的以获得收益（回报）为终极目的而出售房产的例子。彼得伯勒市的一位业主将一幢大楼出售给一群来自远东地区的投资者。这笔买卖，仅仅根据将获得多大比例的回报而做成，大楼的卖家是一位本地开发商，他告诉我，他大约以超出公平价格的35%的价格售出。后来我进一步了解了买家的情况，发现他们"只要能获得6%的回报，就已经得意扬扬了"。

现实是，开发一经完成，大楼的价值将比购买和开发的总成本大约低20%。这种资本的破坏，意味着头几年的真实回报是负的，因为这笔收入需要用来填平在大楼即将售出时产生的资本亏损。我怀疑投资者是不是真正了解这一点，我还怀疑，如果他们知道了这些，还会不会这样投资。中东和俄罗斯等地区和国家的许多高净值人群在英国一掷千金，可能不怎么在意这些，但对我来说，即使我拥有世界上一半的财富（并且我的业务合伙人拥有另一半），我想我还是在意的。

我犯过的投资错误

我自己犯过的许多错误，已经在前面介绍过了，它们也与这一小节有关，或者与本书其他的内容相辅相成。这些错误包括：慢慢习惯买入那些新的、定价过高的（因为它们是新的，所以才被定价过高）、海外的，或者离我太远导致我无法有效管理的投资产品；

在市场上寻找生意并抬高价格；等待太长时间；把资金看得过紧并且希望尽可能少付出，等等。我确定你们会从我经历的痛苦中受益，因此把它们全都详细地阐述出来，并且适当地阐述我以前没有阐述过的东西。

1. 过于精细的管理。

如果你投资的产品离你太远，或者很大程度上需要你参与管理，而且需要管理的事务太多，那么，这可能会增加到它的"真实成本"上去。所以，重要的是在你的分析与决策中将管理某一资产、某一投资类别或某项业务所需要的时间和成本都考虑进来。不过，很多人没有考虑到这些，因为它们都是隐藏的，销售员没有在推销时说明，而且，你通常只有在投资了半年到一年的时候才知道这些真正的成本。一定要考虑出差的成本、拥有某项投资的成本、相关的费用、进入和退出的成本、折旧、员工安置的成本，等等，尤其重要的是你在涉足与商业、金融业和投资业相关的任何业务时投入的时间。这是算出某种资产的真正成本的唯一方式。遗憾的是，绝大多数人只盯着购买的价格与价值。

2. 过于执着追求生意。

我在投资生涯中经历了太多的二元选择。我应该在追求某笔生意时花多少钱？当我还在思考，准备马上投资时，是不是等待一段时间并且让这笔生意将来再回到我这里来？这是一种持续不断地权衡的行为，但也许很少有人能够真正做到平衡，不过，随着经验的日积月累，你会培养出良好的直觉。要做到热情渴望，但不要表现得十分需要；要乐于全身心地投入其中，但也要做好毫不犹豫地走开的准备。有时候，你真的想要或需要做成一些生意，好比我们在2016年年中时那样。那时我们拥有很多的剩余资本，想要/需要投资到某些房地产中去。幸运的是，有些建筑的销售价格太高了，因此，即使我急切地渴望投资，仍然没敢走近它们。在这段时期，我努力做到足够的自知，知道自己什么时候变得更容易产生投资的冲动，拿出太多的资金并追求了太多的生意。

3. 等待太长时间/绷得太紧。

这与上面提到的截然相反：很多人知道我等待太长时间、绷得太紧，因此失去了一些生意，如今回过头再想，那些原本都是极好的生意，我本来可以稍稍多买入一些的。这种"事后诸葛亮"既可以说有益于你的事后分析，也可以说毫无益处，因为你必须确定一个最高的价格，而你永远不知道别人出的价会高到什么程度。如果你和我一样是左脑发达的人，可能会发现自己也遇到过同样的挑战。似乎大多数人过去都曾遇到过寻找生意时绷得太紧或者不顾一切的问题。

我们的竞争对手犯过的投资错误

1. 不恰当的杠杆水平。

杠杆是一种微妙的平衡。杠杆水平太高，风险便会增大，容易受到金融业和市场中微小变化的影响。杠杆水平太低，就没有充分利用额外资本（也就是其他人的资本）的好处。在采取纠正措施时，你需要一定的缓冲，要考虑到杠杆水平显著下滑以及销售成本。我并不是要告诉你该运用什么样的杠杆水平或者哪种类型的贷款，以评估你的业务、资产和投资类别的组合。这些要靠你自己来计算，而且还会随着你对风险变化情况、财富增长以及在整个周期中市场运行情况等的态度而改变。有些人可能想要一半贷款、一半股本，另一些人可能想要60%的贷款。在我看来，每一笔原始并购，如果超出70%的杠杆（接下来，如果考虑增长和偿还等因素，杠杆比率达到60%），将是有风险的。我觉得，如果杠杆水平低于40%~50%，可能没有充分利用可用的资金，尤其是如果贷款利率较低的话。

2. 太注重操作层面。

一旦建立了收入流或商业模式之后你依然坚持亲自动手，将会限制发展。为了发展，你必须放手。有时，你很想继续亲自操作，或者更糟糕的是，仍在一心关注着你的投资业务或投资组合方方面面的操作。这可能使你每天浪费数个小时，导致产生偏执的、过度控制的想法和行为，使自己无法抽身。这就变得不可持续了。同时，也没有人喜欢一直被监管和受到微观管理，好比一位房东拘泥于租约的细节、收取租金、房屋的维修维护等，而不是将那些事情外包给专业人士，自己专心寻找生意并把团队团结在一起。

3. 过于注重短期。

大部分投资者根据这一周、这个月或最多是明年会发生什么来投资。如果你将自己的视野扩展到10年、20年或30年之后，那就完全是另一回事了。这样一来，你可以更有耐心、更加从战略层面着想、更专注、更投入，并且从总体上做出更好的决策。当然，在我们这个即时满足的世界，大多数人并不容易做到这些，有的诡计就是利用了我们的情绪以及想要寻找捷径的渴望。在做投资时，首先要从构建愿景开始，知道你的目标是什么，然后再制订计划。要继续朝着你的愿景前进，并且在前进过程中调整计划，但不要让所有落到你身上的事情导致你分心，让你把注意力从目标上转移出去。这些事情很可能今天在这里，明天就不见了，但你自己还得继续沿着自己的人生道路走下去。

4. 投资于流行的、热门的，以及别人说很好的东西。

我们讲过，而且还会继续讲，反常规的理念与"投资于流行的、热门的，以及别人说很好的东西"的理念截然相反。通过逆向投资而非顺势投资，大多数时候能赚钱。

5. 买入看起来光鲜亮丽的资产，并且和别人进行很好的社交沟通。

在我们说到漂亮的度假住宅、新车、新办公大楼、受欢迎的股票时，它们看起来和听上去都很好，但这意味着很可能恰恰相反。事实上，"有淤泥的地方就有钱"这句俗话通常是真的。你要远离公众的视角来寻找有着内在价值的投资资产，那些资产只是年久失修，没有正确地发挥其作用，或者只是当前没有发挥作用，又或者具有一些尚未被人发现的潜力。

> 对我来讲，不买法拉利轿车是常识：维护费用高昂、花费大、实用性不强，而且新款车型还会出现令人心痛的贬值。不过，在很多人的劝说下，我接受了一种可能是反常规的观点。最后，罗伯和我终于买了一辆我们当时认为"无可挑剔的"法

拉利430蜘蛛人。我们开了5年，只损失了6 500英镑（没错，真的只有这么多）。罗伯觉得，这是因为我们购买了"英国最差的430"，但我坚持认为，是因为我们在正确的时机购买了这辆车。到2015年，我已经有一种成熟的想法，想更换这辆车了。它不但很有可能在路上抛锚、不能顺畅地转弯、有的零部件生了锈、每跑5 000英里就需要换一个新的离合器，而且还漏水，尽管如此，它看起来仍然非常好，引擎的声音听起来也不错。在罗伯长达3个月向我列举更换新车的各种好处并且告诉我法拉利458蜘蛛人的价格低得不同寻常之后，我终于被说服了，于是买了新车。这次，我们不再选择二手车，而这辆新车，真的让人们大呼惊奇。由于是双离合系统，变速箱的问题已经解决了，而且，新车给人的感觉以及声音听起来都要好很多，转弯时犹如在轨道上一般——至少我是这么觉得。

开了几天之后，我们敞开顶篷，将曼尼通开关设置到"赛车"，以便排气挡板打开，并且使排气管发出的声音更大一些。就这样，我深深喜欢上了这辆车。最后，我们拥有一台法拉利的梦想终于实现。直到有一天清晨，我的手机响了，打来电话的是罗伯。那么早打电话给我，准没给我带来什么好消息。他在电话中说："我把法拉利给撞了。它穿过了篱笆，刹车失灵了，不过，我觉得应该没什么大事。"我赶紧开车去寻找那辆花了我16.8万英镑、才开了一个星期的法拉利，发现它就停在路边，距离"篱笆"有快30米远。我们用了半年时间，花了9.8万英镑才修好它。保险公司提醒我们应当向法拉利公司就刹车故障进行索赔，但后来修理工人说，制动系统没问题，只是需要更长时间的预热。最后，保险公司支付了维修费用，我们把车子维修一新。当大多数人都说我们疯了时，我们买下了这辆全新的法拉利，可能也是一种反常规，因为我们都不再年轻了。

2007年次贷危机之前存在的各种各样的房地产投资模式，包括有大量资料证明的新建的高档公寓项目等，其实产生的收益很低，但被定价过高。有的投资者在许多房产上支付了明显超出市场价值的资金总额，到最后，抵押贷款的月供额高于租金收入，而如果他们卖掉这些房产，又会造成巨大的亏损。很多人被迫持有，直到资本的增长赶上月供额，而且公寓的价值达到或超过了抵押贷款债务的水平。有些时候，从最初买下房产开始算起，得花十几年时间才能做到这样。

当潮水退去时，基于资本的、基于房地产的策略尤其容易暴露出来。当市场变得一团糟而且交易缓慢时，普通的房地产开发商面临困扰，和他们一样，没有制定基于收入的投资策略的人们，也会在风向突变时感受到市场压力。这些类型的策略，如果向没有经验的投资者推销，可能是他们最喜欢的，比如在充满阳光的地方拥有度假住宅（但平时租不出去），或者是在市中心拥有高端的豪华公寓（但只能给你带来较低的收益）。一次性的资本收益看起来可能比房地产中的收益更有吸引力，因为它的数额大得多。有些人可能认为，在5年时间里拥有一套公寓并从中获得10万英镑的资本收益，胜过在短短一年内只拿到1万英镑的净收入。但对于我来讲，不管什么时候，我都会选择后者，因为它也许会自动打到我的账户里，不需要我再花时间去关注和处理，而且可能会在接下来的日子里源源不断地进入我的户头。

我经常看到，人们还没有正确地对各种成本进行归总，就涉足房地产开发项目。他们通常对潜在利润感到兴奋异常，往往将项目开发的所有成本都计算在内了，但忽略了诸如利息支出、专业费用、地面工程/情况、屋顶的成本、窗户、隔音以及规划等各种需要考虑的问题。

在商业和投资中真正奏效的方法

我认为在商业和投资中奏效的大多数方法都是逆势而为，而且是反常规的。虽然这些观点中的某些已经提到过，但这里还将介绍商业和投资业中一些特定的领域，我在其中取得了成功、赚取过利润、获得了回报。

短期的挑战

我喜欢投资于那些媒体已经着重关注的公司。当媒体开始几乎每天都对某家公司猛烈地批评时，便是开始追踪观察这家公司的好时机。在恶意还没有真正开始流动起来之时就开始过早地投资，也许不是最好的主意；当媒体已经没有兴趣再诋毁提到的公司时，这种逆向投资的技能才会发挥作用。显然，你应当把注意力集中在那些你认为能够抵挡批评风暴、有着长期稳定业绩的公司，你了解到它们拥有好的产品，资产负债表能够保持平衡，而且具有盈利能力。只要它们正在以相对于行业中其他公司合理的市盈率交易，也许就是时候出击了。

英国石油、特斯科和大众汽车都曾是媒体持续批评的受害者，很大程度上是因为某个特定的事件损害了它们的盈利能力或者声誉。一旦这类事情发生，许多投资者会按下"卖出"键，随后提出一些问题，不想在不稳定的时期投资了。第二梯队的投资者则受到每日的负面新闻的进一步影响，他们的情绪可能促使他们在不进行更加深入研究的前提下就卖出。只要你相信类似这些公司的长期基本面是好的，一旦媒体批评的那个问题过去了，媒体也不再有兴趣关注，或者问题本身出现了转机，媒体批评的声音变成了好评，那么，这些公司的股票通常将跑赢市场。

可理解

在选择投资于哪些资产、哪些资产类别以及哪些企业时，一个好主意是挑选银行理解、喜欢和能够保护其资金安全的那些。大多数能够产生收益的房产都符合这个标准，但只要它变成了非主流的，比如在另类投资市场（Alternative Investment Market，简写为AIM）等不太知名的交易市场中交易的出租房或股权，那么，银行放贷给它的兴趣将大幅降低。谨慎的杠杆水平也可以用来为持有股票和基于债券的投资产品融资。巴克莱财富管理公司提供了这样一种附加服务，对它们管理的投资组合提供大约60%的贷款。这种杠杆融资可以带来更大的利息收益，特别是与较低的利率相结合时。

随着你与银行关系的改善以及这些银行投放的贷款数额增加，最终也能获得较低的利率。你的商业模式或投资类别越是不出名，银行就越不喜欢它，这样的话，借助杠杆的能力以及增长的能力都会降低。

平衡

对于任何投资组合，重要的是在不同的资产类型和投资类别中分散投资，以保护和分散收入流。当经济进一步步入宏观经济期时，通过在周期性影响不太强的公司中投资，比如建筑业公司和银行（除非你觉得它们的价格特别便宜或者被错误定价），往往也是保护这种下行的好主意。你对风险、时间期限、净资产值、可支配收入或许还包括知识等的态度，将决定这些投资资产的分散程度。

有的人像我一样，在对比其他资产类别时更看重房产，因为这是我集中关注并且最为了解的资产类别。我喜欢留出一部分资金来投资于风险更高的个股（通常高达资产净值的5%），这些个股之所以买入价格较低，我认为是因为它们存在短期的问题或者出于某种别的原因。我的个人储蓄账户中的其他资金几乎全都进入长期基金中，它们由长期以来有着超高业绩的高质量经理人管理着。其余的部分资金将在交易的企业、房产、现金和实物资产等类别中分散。显然，如果你发现危机即将到来，一个好主意是把个人的储蓄更偏重于现金、实物资产以及类似于公用事业、折扣零售商、租赁机构等一些反周期的企业和事业单位的股权之中。

干净的信用记录

保持干净的信用记录，银行将凭借这一记录判定你是否可以向银行贷款用于投资。这既适用于个人，也适用于你的企业。很多人想为企业或其他的投资产品融资，对我而言，投资侧重于房产，因此，说服银行放贷给我，是进行投资以及在其他创造未来增长的项目上获得杠杆融资的关键。由于你可以在投资大楼时借款2%~4%（这是2016年的情况），它可能产生8%的净收益/收入，所以，你的边际利润是那笔收入的4%~6%。如果这些资金大多是借来的，那你就为自己留在投资中的30%左右的资金创造了收入流。这种杠杆的力量，再怎么夸大都不为过。

你的信用记录好比交给银行的简历，因此，任何的污点都可能使得贷款利率上浮，或者损害你从银行中获得的贷款条款，或者最糟糕的是银行直接拒绝你的贷款申请。由于杠杆融资是房产投资中赚到跑赢市场的利润的关键因素之一，再加上复利效应，所以，不良信用记录的长期影响可能是巨大的。

- 每个月一定要通过直接扣款来全额偿还你所有的账单和信用卡债务，这样便不会忘记。
- 注册到委员会之中，使你能够登上选举人名单，并且一定要经常登录益百利信用专家（Experian credit expert），确保发生的所有事情你全都知道。
- 你自己或者让你公司的财务总监监控公司信用可靠性中出

现的所有问题或危险。商业放贷机构和风险资本家尤其关注公司的情况，不太在乎你个人的得分，但原则仍是一样的：像爱惜你的生命那样保护好你的信用得分，因为从长远来看，较低的信用得分会给你带来十分昂贵的代价。

新型创新

似乎许多未来主义者正在预言，虚拟现实（VR）和人工智能（AI）是未来的模式。所有这些，对我来说仍然稍稍有些推测的成分，没有得到证明，但我会兴致勃勃地观察，以了解这些颠覆性技术和模型如何发展。我能理解虚拟现实的庞大规模和广泛吸引力，因为它可以在现有的网络和社交平台上几乎即时地应用。物联网（IOT）看起来也获得了发展动力，而且，在大多数产品中安装芯片，或者让产品能接入网络来访问数据，应该不是很遥远的事情。今天，虽说互联网冰箱看起来像是一个噱头，但自动化、更新的和实时的数据交换带来的好处，极有可能是巨大的。物联网、虚拟现实以及人工智能似乎正在融合发展，应当是未来商业与创新的发展趋势。我确定有些投机商已经赚取了巨额的收益，但我还是喜欢再等一等，以求看到稍稍多一些的记录。

| 所有人在商业和投资中面临的挑战 |

商业和投资中的许多市场受情绪的驱动,也许,差不多所有市场都这样。我们对自己的情绪做出反应,而不是设法掌控情绪,当情绪服务于生存目的时,它可能使得投资者和企业家看起来像是充满荷尔蒙的青少年而难以掌控。控制这些情绪,第一步就是了解你的情绪,把自己当成局外人来观察你的反应,并且给出你自己的评价,好比对自己这样说:"哦,马克,这是对那种情况的一种有意思的反应。"控制这些情绪的第二步和第三步,将在本书的最后一部分中讨论。

陷得太深或步子迈得太快

有些人惯性地做出一些不利于自己的财务决策,那些决策还可能损害他们长期的财务安全。这些不良决策大多都值得注意,因为在测试期还没结束时，有的人就已经投入了巨资。说到房产投资，特别是在制定新策略时，重要的是在投入第一笔资金之后静待其结果。尤其要注意的是，房产投资通常要用半年到一年的时间才能显示其真实面目并提供准确的数据。只有到那时，才可以依赖第一笔投资来做出未来的投资决策。优化和改善的大部分过程，都出现在这个"试水"时期，以减少下次可能犯的错误。而我以及我观察的其他人犯过的最多错误，也缘于我们没有经历这个测试期，就过于急切地迈进去或者陷得太深，以至于付出了巨大的代价。

过度兴奋和恐惧

过于热情洋溢或者异常兴奋，也可能导致人们做出不良的财务和商业决策。正如本书前面的章节中讨论过的那样，从众心理可能鼓动缺乏经验的投资者一下子跳进投资之中，并根据其他人集体认为正确的做法来决策。他们跟随大众，而不是依据研究、测试和测量结果来自己做决策。我们全都希望自己感觉好一些，希望别人用积极的眼光来看我们，因此满足于这些感觉好的情绪而不是更加冰冷的现实。

恐惧投资和做决策，也可能是有害的心理。我经常看到一些报刊或社交媒体发表文章，谈到房地产市场（或者某些其他的市场）即将崩溃。在文章的最底下，恰好是作者自己散布的恐惧情绪的解决办法。他们显然怀着别有用心的目的，绝不能太相信他们的评论。另一些作者也依葫芦画瓢，在发表市场崩溃论后提出遵循某种特定策略可能出现的法律后果，随后再兜售他们的解决方案，声称这些方案比他们刚刚谴责的流程更加遵循法律或进一步降低了风险。其实，他们谴责的策略并不包含所谓的风险，但读者会相信这些作者的话，听从作者的建议，购买不同的金融产品，获取不同的抵押贷款，诸如此类。

把所有的感受表达出来

在商业中（以及人们的生活中），我们通常很想把自己的感受表达出来，特别是当你觉得某个人对你不公平、导致你出现大问题、对你说谎，或者，也许你手下的某位员工不照你的指令去做时，你希望他们"受到惩罚"。如果不适当地关心和思考就变得情绪化或者让这些原始的感受发泄出来，什么目的也达不到。这通常会由于其他人的原因而使你自己的情况变得更糟糕，同时激起他们也对你报以负面的情绪响应。这还只会使你与他们的交流和协商更难以进行，也许还毫无结果。你变得无比愤怒，尽管通常能满足你的情绪需要，让你可以发泄一番内心的愤懑，但最好是推迟一会儿，或者走到别的地方再来宣泄。冷静地坐下来想一想，让自己一个人待一会儿，和你信任并尊重的人聊一聊，都是一些有益的方法。体育锻炼也是一种释放被压抑的情绪的绝佳方式。

说到当事情的发展不如人意时要克制自己不做什么，这里有一个特别的例子。一次，我们购买了一个管理系统，用来在某一活动上记录和管理参加的代表。每位代表前来参加活动时，我们会给他发一根挂带，挂带上面有个条码。他们出示条码后，我们的工作人员扫描该条码，带他们进大楼。每次他们想要购买某件产品，也会扫描他们的挂带及信用卡，以便为某一课程或某件产品支付。供货方承诺这个系统将会无缝地运行，所以，我们决定在温布利大球场举办房地产超级大会时把它安装并运行起来。大约有1 000人参加了那次大会，看起来，我们运用这个管理系统后，能使大会的组织井然有序，减少代表们排队的时间。但我们一点也没有想到的是……

我们刚把门一打开，系统就开始出问题了。标签的打印机坏了，使得门外有600人在冷风中排着长队。他们很不开心，而且可以理解他们随后开始变得愤怒。由于系统的设计人员一个下午都找不到人影儿，使得这场活动大为失败，活动甚至还没开始，客户就感到无法忍受了。

最后，我们开始运用人工方法来登记参加活动的人员，好在我们过去就是这么做的，于是，队伍慢慢缩短了。随着客户涌入，活动开始了，现场开始平静下来。大多数人忘记了刚才的问题，但我没忘，脸色铁青地在一旁待着。我们一再让系统的设计人员给予我们保证，保证系统是可靠的，而且承诺只要出现任何问题都会随时到场处理，但他并没有出现，使得我们本想营造的良好客户体验、向客户释放的善意，以及最终的销量，都大受影响。

当那家公司的老板终于来找我时，我质疑他这个系统天生就有缺陷。他抗议说，那天的问题，大部分是我们的错。他这么一说，我更加暴跳如雷，变得无法控制，在球场的一个侧巷里对着他大吼起来。这使得他更加为自己辩护，我几乎什么目的也没达到。最后，我们和他的公司进行了一系列冗长的法律谈判，我们坚持认为那个系统不行，让我们白花钱了。其实，现在想来，我本来应该坚定但平静地对待他，给他留一些面子来谈判，那样做的话，也许能给我俩都带来更好的结果。

不停地变来变去

我遇到的许多人都有一种需要：总是尝试新的事物。他们有一种情绪上的需要，要通过尝试新东西才能得到满足。也许梦想中的兴奋感比起现实中的真金白银更让他们高兴。没错，大部分人都有这种需要，只是其表现形式各不相同罢了，但是，不停地变来变去，终将导致一事无成。当你在某个领域中创办了一家新公司，但它与你早年感到兴奋的事情没有关联时，一切都清零了，包括你的知识、客户、善意、品牌、心灵空间、他人的推荐、市场营销、网络资产，以及其他各种尽管无形的但要花时间慢慢培育和建设的宝贵的东西。对普通人来说，当他们的双眼被超越现实的可能性带来的兴奋感所蒙蔽时，根本看不到这些。所有你犯过的和从别人那里了解到的错误，以及犯错和解决错误时引发的成本，加上在迭代过程中投入的一切时间、金钱和精力等，全都清零。

有的人总认为其他公司比自己公司更好，其实不然，他们对那些公司并不了解，那些公司的草，也不见得比他们自己公司的草更绿、更加充满生机。事实上，所有的模型和投资类别都大同小异，或者面临着同样的挑战和进入费用。如果你想着，只需要一次性的改变，你当前的问题就会奇迹般地变得更容易解决、更快消失，那是妄想。

  显然，若是你在就业，以前没有创办过公司，确实需要做出改变的决策。只是不要让自己习惯了每隔六个月就重复一次，或者在创办第一家公司时似乎过于喜欢艰巨的工作。所有的公司都得付出艰苦努力。不要频繁地做出这些改变人生的重大决策，而且在做这类决策时，要给予它们应得的谨慎和关注。在商业和投资中，一旦你开始起步并步入正常运行，不论是什么情况，最好的决策几乎都是继续你当前正在做的事情，只是要更加擅长、更加精通罢了。此外还要记住，其他人对他们的商业和投资也正产生着和你一样的想法和感觉。和你一样的人大有人在，这很正常，其他大多数人可能比你在自己的投资业务或资产中放弃了更长时间。

> 走得慢一些并坚持走完全程，远远胜过走得快一些和艰难些，最后累得筋疲力尽。

节省时间与投入时间

我喜欢节省时间并且更加有效地执行任务。只要是我可以在更长时间内杠杆融资的任务,或者是能够在更多的购买或销售业务上杠杆融资的任务,我都欢迎。例如,一个人生活时,我把家中各种不易腐烂的物品一次性购买可使用两年的量。我整理出一份电子表格,将牙膏、洗发水、剃须泡沫、剃须刀、塑料垃圾袋、消毒块、电池、洗衣粉等物品一一列举出来,以计算在两年时间内所有这些东西的使用量。接下来,我会在这些物品相对便宜的1月份,便把足以用两年的量一次性买回家里。

我会买60件衬衫和12套西装,以便只需每两个月才去一趟干洗店,这又一次显著地节省了时间和金钱。我把这种想法也带到我在商业和投资中需要完成的诸多任务之中。将任务系统化,是取得进展的关键,也就是说,在电子表格或清单上将所有的任务列举出来，减少了完成它们需要花的时间。

我喜欢将不擅长或不感兴趣的大部分业务和个人任务外包。比如购买衣服，这是我绝对不喜欢做的事情。我把这些任务全都交给我的未婚妻。我俩在商场购物时，她为我挑选要穿的衣服，我试穿一下后，马上做出买还是不买的决定。每天早晨选择穿哪些衣服，也是一件让我感到决策疲劳的事情，因此，未婚妻会在我不工作的日子里帮我挑好穿什么衣服，这节约了我们两人的时间。这还意味着我看起来很尊重她，并且在公众面前的形象还算过得去。要是我自己来做这些事情，由于我是一个左脑发达的思考者，可能会使自己的形象一塌糊涂。

我在处理逻辑的或者涉及数学的事情时思维更敏捷一些，因此，我似乎天生就让自己置身于那些右脑更发达的创造型思考者的包围之中。我的未婚妻一定就是这样的人，她在寻找优秀的室内设计、流行的时尚穿搭以及创造性思考等诸多方面都比我擅长得多。这也是我将我们项目中的大部分室内设计任务外包给她的原因，因为这正是她擅长的。我意识到，有些人觉得我有点奇怪，但你可以效仿我的原则：将不喜欢做的事情外包给别人。要节约时间并将省下来的时间重新花在创造收入的任务中，或者只为了节省时间和腾出时间来休闲。我知道，苹果公司的创始人史蒂夫·乔布斯穿着他那"臭名昭著"的牛仔裤、运动鞋和黑色高领毛衣，并不是像大多数人们以为的那样旨在树立一个高知名度的品牌，而是不让他自己把时间浪费在选择买什么和穿什么衣服上。明白这个道理，也算是我的一个长处。

我喜欢在生活中节省时间的另一个领域是IT。我们公司有各种各样的收集和管理数据的系统，显著减少了纸质的业务运营，并确保了所有数据都易于收集。我们用Infusionsoft作为合同管理软件，它负责核对和发送电子邮件，接受支付并保存关于客户的说明。我们使用CFPwinMan房产管理系统来管理由租赁机构负责处理的租赁房产。Sage则是管理我们公司财务的一个好工具，财务人员和外部的税务咨询师十分了解它。它向管理团队提供可理解的详尽说明，使我们能够迅速地做出决策，以发展壮大公司。

从纸质书转换到有声书，这种转变是深刻的。我经常在开车上班时听一听有声书，要么是与商业有关的主题，要么是通过更高质量人际关系、美食以及身体锻炼来改善人生的主题。这种"不需要额外时间"的节省时间的办法，使得上下班途中变得更有趣味，也使得我觉得，即使在开车，也没有浪费时间。在旅途中，你可以倾听大量的这类图书，数量多到令人吃惊。显然，听完之后再采取行动并执行书中提到的理念，至关重要。

我过去常常以为省钱是最最重要的事情，但如今认识到，我得更加珍惜时间。每到年底，我通常进行一番这样的计算：把一年的总收入累加起来，再根据每天工作9小时，除以一年中工作的天数，随后，我会知道自己每小时收入多少。我用这个数字来计算，某件任务到底需要用我自己的时间，还是需要充分利用别人的时间。由于真正信奉这个概念，如今，我聘请了一名清洁工、一名私人助理以及一名全职的研究员。除此之外，所有的房产都由一家公司来管理，我在这家公司持股，但公司由我的合伙人经营。大部分开发项目如今都外包给一位主要承包商，而我们买入的房产，则由一位搜寻它们的内部买家来完成购买。我笃信这样的理念：能够减少时间浪费的，即使是小小的产品[比如我在繁华地段银行的一本通账户，它提供旅行保险、手机封面、RAC（实时应用集群）封面，诸如此类]，也非常不错，因为我不再需要每年都去搜寻最好的生意了。

  我把从这些领域节省下来的时间，重新投入另一些与我的左脑思维更兼容的领域之中。这反过来使我能从我们的业务中获取更大回报。我天生就更加擅长分析性更强的任务。大部分房产投资都利用了左脑思维（分析、研究、关注细节），这也是我将房产投资变成一门职业的原因之一。如果每天早晨我再多30分钟时间，意味着可以审阅另一份合同、关注另一笔房产投资生意，或者在银行里签订另一份能给我们带来数倍回报的合同。这些复合的节省时间的举措，如果长期加以利用，可以带来显著的影响。只是我得经常性地进行合理性检查，以免过度痴迷于节省时间，不过，右脑发达的思考者可能与这种做法完全背道而驰。

第三章
反常规投资策略与方法

在这一章，我们将探讨一些特定的策略，并且着重介绍通过逆向投资而盈利。我从自身的经验中了解到，这些策略不但十分有效，而且能在商业和投资中产生持续的利润。我首先介绍最重要的策略，然后深入分析某些特定方法，以便你掌握一些实用技巧，将其运用到你的企业管理与投资中去。

你可能会发现，我明显有些随意地在更高层次的概念与金融业的分析细节中跳来跳去。我还会参考一些我十分崇拜的导师和投资者的意见，主要是因为他们取得了持续的成功。

| 投资的4条重要策略 |

每一次投资都要经历它自身的周期和反周期,并因此提供价值或者在它自身周期的不同阶段被定价过高。这跟其他投资类别无关。这些周期好比杂技演员手中正在以不同速度旋转着的盘子,有的速度慢些,有的刚刚开始转并且正在加速,要尽力平衡好它们。对于某些类别,资产的基本面是可靠的,但时机不对;对于另一些类别,现在就是进入的时机,但不会持久,所以不必再进去了。你需要对3～5种投资类别进行深入的、比竞争对手更加细致的分析和研究,以便将你的投资玩转起来,并且足够的分散化,但要在某个单一的投资类别内、在正确的时机深深投入其中,而且,你个人不可能了解和投资数量无限的投资产品或投资类别,这终归是有限制的。

为了平衡这一点,我这里介绍投资(时间、资金、商业模式)的四条重要策略:

- 自行投资。
- 合伙投资。
- 外包。
- 按兵不动。

自行投资

如果你把时间和精力全部集中地投入某个特定的商业模式或投资类别中，使之成为你充满热情的职业，那么你将获得最深入的知识、经验和超越竞争对手的结果。这当然是显而易见的，但是，假如你将自己的精力分散得太单薄，或者不确定你对经商和人生抱有怎样的愿景，你便不太可能做到这样。挑一个你喜欢的投资类别或者商业模式，如果它不太成功，就不需要怀着极其强烈的动机去做它。只要它已经得到证明，产生了商业的和历史的剩余价值，那它到底是哪个投资类别或商业模式，其实并不十分重要。你越是接近你的最好状态，和某个看似更好的、你对其了解有限的资产类别相比，也就越能使你选定的投资类别盈利。你应当把你全部时间的50%～70%集中在这个单一的投资类别或商业模式上。当然，你不可能在3～5个类别上做到这样，说到这里，要接着介绍另外3条重要的策略了。

合伙投资

对于其他的投资类别或商业模式，你可以和那些也按照第一条策略来操作的人们合伙。我从我的合伙人罗伯·摩尔那里了解了关于手表的所有知识，在感到愉快的同时，更喜欢充分利用他的知识、经验、研究以及热忱，要么和他一同投资，要么采纳他的建议。而他在房产领域做了和我相反的事情。这条策略和第一条策略相比各有千秋，而不是说其中一条比另一条更好。更常见的情况是确定你将针对哪些投资类别和商业模式来运用哪条策略。

和与你有着不同兴趣、重点关注不同的利基市场，并且与你有着相似的长远眼光的人们合伙投资，是明智之举，这样的话，你不需要每年都和新的合伙人开始（或者重新开始）合作。你们相互之间可以利用对方的知识与经验，久而久之建立信任关系。这条策略的优点是时间杠杆和融资杠杆；缺点是可能放手控制权和决策权，容易受到更多风险的影响，或者暴露在更大风险面前。

外包

在这条策略中，你可以使用诸如基金、贷款（有保障的）或者个股来进行被动投资。这些是低风险、低回报的投资，通常会创造更加被动的回报。如果你投资于受到监管的投资产品或使用基金经理人，那么，首先要花时间来开展研究和尽职调查，但这样还不够，你还得在投资过程中继续做好核实和维护的工作，否则仍然无法持续获得回报。在你可以外包的其他领域中，利用你的资本来收购公司、提供贷款并开展众筹，在更高风险的投资产品上投资，其回报将使你的公司发展壮大并招聘更多员工。

按兵不动

很奇怪的是，对许多人来讲，这条策略似乎最难熟练掌握。他们要么什么都不做，就在原地踏步，要么不知道何时才是按兵不动的正确时机。一旦他们缺乏耐心地急于采取行动，将使自己白白耗费时间和金钱。在什么时候要因为时机不对而按兵不动，以及在什么时候要因为在按兵不动、持币观望时而做些事情（例如开展尽职调查和深入研究），这两者之间是有差别的，你得了解这种差别，并很好地把握平衡。如果你认为投资于3~5个投资类别或商业模式是你能掌控的水平，而且平衡好了上述的1~3条策略（自行投资、合伙投资、外包），那你必须对另一些商业模式说"不"，尽管可能受到大众的诱惑，或者有些机会虽然出现的时机很正确，但它们本身并不是好机会，也可能诱惑你。

我发现，我们很容易想到，在某些新事物得到证明之前，需要谨慎对待，而我在冒险之前，也想看到持续的证明。不过，我观察发现，许多人就是无法克制自己，无法做到按兵不动；他们缺乏耐心，或者容易深陷媒体炒作、过于兴奋或过于着急的情形。控制这些情绪的一种方式是对自己说："好的，但不是现在。"把决策暂时搁置起来，过后再来重新观察，以便当你发现自己很难说"不"的时候，实际上也不至于必须明确地说"不"。

为了保护你的时间，并使时间效用最大化，花些时间使自己在某些领域中做到足够好，但仍要以开放的心态来看待自己从其他人的经历与技能中汲取到的经验和教训。你得平衡好上述四条重要的策略，它们涉及在哪些领域以及以何种方式投入你的时间和资金。把时间和资金全都集中在一个领域可能风险太大，但把它们分散在5个领域，可能又过于分散了。但你还要看在某个特定时间哪个领域的投资能够成功、你自己对什么感兴趣，以及能不能拉着你的合伙人和你朋友圈子中的人一同参与，因此，这是一个不断变化的公式。

受监管的与不受监管的投资

受监管的投资得到各国监管机构的批准和控制。这种投资在运行时,被评估时,推广、销售及卖出时受到诸多因素的控制,还要接受外部的审核。为了卖出一项受到监管的投资,你得成为一位遵从许多规则与流程的受监管的顾问,或者,你的公司也得成为一家接受监管的公司。

受监管的投资或者投资受到监管的公司,主要优点是保护你不为经营不善的计划或骗局所累。受到监管的投资需要得到证明,并且能够持续达到监管要求的严格标准。在这些投资渠道上,投资的公司和投资者几乎总是具备财务上的偿还能力,因而风险更小。

受监管的投资的主要缺点是回报相当低。即使是令人最为印象深刻的受监管的投资,回报最好的情况也只有5%左右,甚至常常比这还低。就我而言,许多这类投资仍在继续为我提供低回报,部分原因是它们是受监管的。获得了这一"证明",受监管的投资吸引着多到不计其数的消费者的兴趣,因而竞争减弱了。作为一位企业家或公司老板,如果你赚的是这种百分比的回报,会觉得它与你投入的时间、精力以及你承担的风险不匹配。

现在,重要的是指出,某种投资类型实际上并不会比另一种更好。当你相对缺乏经验时,受监管的投资比不受监管的投资更安全,提供了更大的可预测性和可能的回报。讽刺的是,你在这个阶段拥有的资本会更少,而且,你想要追求更高的回报。随着你在投资这个领域摸爬滚打,积极了更丰富的经验,获取更高回报和减轻风险的能力也在增强,受监管的投资作为一种能够取得相对较低回报的下行保护方式,其吸引力也相应减小了。

虽然我并不渴望定义某种刻板的策略,但喜欢在受监管的和不受监管的投资渠道中同时拥有资产、资金和投资业务,于是在风险等级各异的不同投资渠道、投资类别和投资风险之间分散资产和收入流。

我在受监管的投资中进行投资,原因有以下这些:

- 减小过度曝光在单一投资类别中的风险。
- 减小单一投资类别下跌带来的损害。
- 作为一种持币观望并等待不受监管的更高回报的投资的方法。
- 为了获得流动性。
- 为了进行更多的被动投资,或者建立被动的收入流。

我在不受监管的投资中进行投资，原因有以下这些：

- 追求（大幅度）超高的回报。
- 为求控制①。
- 为节省费用。
- 因为没有人能比你自己更好地管理你的投资。
- 在某一投资类别或商业模式中受到更好的教育并积累更丰富的经验。

此外，我喜欢在这两个领域中保持一定的平衡，以便抵消或减小它们各自的劣势，同时尽最大的可能从它们众多的优势中获取利润。

你如果还是个投资新手或者没什么资金，首先安全地开始涉足受监管的投资是明智之举，例如，如银行利率较好的话，在基金、债券和股票中投资。一旦拥有了闲置资本，可以自行投资一些不受监管的投资产品，冒更大的风险去追求可能的更大回报。你将会赚一些利润，也会出现一些亏损。随着你赚取了利润，应当将利润的一部分重新投资到受监管的投资产品中，建立一个保护性的"战争基金"，以充当你的养老金或者为你提供未来的保护。资金基础一

---

① 重要提示：大体说来，我不会投资我不能直接控制且不受监管的投资产品。在我的经验中，投资于受他人控制的且不受监管的方案，无疑是亏损的不二法门。这是因为，如果某一投资产品既受到他人的控制又不受监管，那么，你保护资产或投资的难度会空前加大。

旦构筑完毕，可以为你提供收入流，让你收入干涸的风险变小，因为资金被团团保护了起来，好比四周筑起了篱笆。与此同时，你还要自己去了解不受监管的投资和业务，为追求更大的、更具投机性的和更加"波澜起伏"的利润（有时候是亏损）而甘冒更大风险。

接下来，随着你的资金和收入从多个源头滚滚而来，并且变得足够丰沛，你可以在受监管的和不受监管的两类投资中调整比率了。例如，如果比率很低，要在受监管的投资中少投一些；反过来，如果比率很高，要在不受监管的投资中少投一些。假如你手头有一些闲置资本，正在等你找到另一些具备较长购买周期的资产（例如，购买商业房地产或者公司）再投入其中，那你可能适合流动性的、低回报的受监管的投资。如果某个特定投资类别是买方市场，要在不受监管的投资类别中更多地投入资本。

| 我的投资策略 |

我理想中的持有期限是永远。我喜欢立即把工作完成，即使任务完成起来可能比期望的、别人预料的时间更长一些，或者跟别人对比要花更多时间，而资产会给你的余生带来回报，只是需要少量的维护与抽样检查。这可能与我的累积者的个性类别相吻合。不断地卖出资产以买入更多资产，也就产生了交易成本和时间成本。当拆借的资金相对于你已经持有的资产来说百分比很低时，我不确定你为什么要秉持卖出的心态。沃伦·巴菲特也和我秉持相似的理念：只要资产没有发生实质性的变化，或者有一个好的卖出的理由（这样的理由时时刻刻都会有），那就不卖出。

我喜欢在我熟悉的领域中投资，只投资我了解的商业模式或资产类别。进入新的投资领域或商业领域，我想知道它与我已经了解的或正处在其中的领域究竟是密切相关还是离得很远。这节省了时间、降低了做出其实并不真实的假设的风险，通常还让你可以将业务运营插入你现有的投资结构中。你获得了一些相互吻合的、相互交叉的好处，好比在拥有数百套房产之后创建一个租赁代理公司。运用你现有的基础设施或者客户基础来推出一些业务，通常可以创造更好的结果，也可以充分利用你已经投入的时间，而不是将时间重新清零。对这一理念的核心部分，你已经进行了大部分的测试与测量，现在只需要学习、测试和测量最后20%左右的部分了。另一些例子可能是当你已经投资了多人共用住宅（HMO）后还涉足酒店的投资；当你已经是一位个人培训师后还创办一家个人培训公司，或者围绕你现有的商业模式创建一家特许经营公司。

我的投资标准

在投资股票、房产和其他资产类别时，我喜欢根据以下标准来买入：

- 资产有问题，这个问题别人不能解决，但我能解决。
- 一种经受住了短期挑战的强大的资产或股票（但它具有得到证明的历史记录，而且下跌的概率很小）。
- 卖家存在现金流或其他问题，有卖出的动机。
- 经历了萧条、破产或者正处在周期中的估价过低的阶段（不会总是清晰明确）。
- 资产/投资的用途/功能不断改变。

1. 资产有问题，这个问题别人不能解决，但我能解决。

如果投资的资产中存在一个我的律师可以解决的租赁权问题、我过去曾成功解决过的缺席者不动产所有权问题或者权属问题，或者出现了一个我可以解决的规划方面的挑战，那么，这些问题对房产的供货方来说可能很麻烦，但对我来说并不麻烦。一旦问题得到解决，我可以从中提取价值，然后实现增值。这就好比钟表匠以批发价买回有缺陷的手表，把手表修好后再向零售市场出售。我对某个资产类别了解得越深越透，就会出现越来越多类似这样的机会。而且，我在投资时小心谨慎，不去涉足那些存在我无法完全了解的问题的投资产品。如果遇到这种投资产品，那现在的问题就变成了我的问题，而我相当于买入了一项债务。老旧房子、没有吸引力的股票、二手的和没有特色的手表，都是大多数人看不上的资产，因为它们并不光鲜亮丽，我却很喜欢。

2. 一种经受住了短期挑战的强大的资产或股票。

在选择单个公司的股票时，我主要采用这种投资策略。我不是一名操盘手，尽管我常常很想不务正业地玩一玩我的投资组合。我喜欢买入基本面很好的公司的股票，它可能在短期内存在一些问题，那些问题在短时间内减小了公司股票的价值。尽管我现在并不是在推荐下面介绍的这些公司的股票，但它们确实是过去曾出现的一些例子：在健康警示广为人知时，我买了可口可乐的股票；当排放的丑闻爆发时，我买了大众汽车和另一些汽车制造厂的股票；后萧条时期的开发商和银行（只要它们规模足够大，得到了证明，并且不是历史较短的、以挑战者或专业化小型银行的面貌呈现的），我买了它们的股票；或者在英国退出欧盟的消息发布之后，我做空美元。虽然坏消息压低了股票的价格，但我感到它们基本上都会恢复元气，而且破产的可能性极低。我在买入时，会用英镑来平衡成本，也就是为了降低风险，在不同的时间和不同的价格上分别买入。

3. 卖家存在现金流或其他问题，有卖出的动机。

如果卖家有着卖出投资产品的动机或者面临挑战，他们会为流动性而接受更低的价格（也就是说，只想着迅速出手，以帮助清偿债务）。这些有着卖出动机的卖家在萧条时期更为常见，但人们在周期的各个阶段都会经历挑战。你买入他们卖出的资产，一来可以帮助他们走出困境，二来资产的市场价格也降低了。

4. 经历了萧条、破产或者正处在周期中的估价过低的阶段。

买入的最佳时机是市场最荒凉的时候。你不可能准确预测这何时出现，或者市场何时到达谷底，但可以在市场向好的时候捂紧钱袋子，并且当你相信价格和市场信心将同步走低的时候，做好大把投资的准备。在英国房地产市场，2009—2010年时出现过一段这样的时期。我很高兴地说，当这一波荒凉席卷市场时，我们已经相对较好地利用了它。我常常带着怀旧的情结向往那些时期，希望我能买下整座城市，包括大教堂，一直以来，这都是分层发展的完美之策！

5. 资产/投资的用途/功能不断改变。

如果你可以买入市场和竞争对手只看到其现有用途的某种资产，而你能够通过改变其用途来为资产增值，那你就在创造价值。这方面的一个例子可能是买下一栋废弃的建筑，然后将其改造成公寓或客房；或者收购一家当前没有产生太多利润的公司，然后改变其营销方式或产品。有的人甚至收购高端的手表，然后在手表上镶嵌宝石，或者买来手机并在上面涂抹一层高端材料，然后高价出售，赚取利润。和任何一种投资一样，你只能在自己拥有知识和经验的时候才做这些。

要避开的陷阱

我不喜欢根据以下标准来投资（但大众是这么做的）：

- 投资产品中存在一些无法解决的内在问题。
- 每个人都在谈论这只股票或这种资产（比如热门的或极受欢迎的高科技公司）。

这两条标准根本无需解释。到现在为止，你应该已经知道，反常规的理念很大程度上是不管大众做什么。

针对商业、投资业和金融业中某些常被人们坚持的理念和策略，我将指出一些反常规的观点：

1. 沉没成本陷阱。

这是投资者常犯的一个错误，他们在某些项目上大量投入资金（以及时间和精力），并且几乎与之融为一体。假如过了一段时间，这项投资明显不能盈利或者达不到你的投资目标，那就是时候忍痛把它抛掉了。许多投资者会坚守这些投资，因为这么做的话，从情绪上来讲不会太痛苦，即使他们发自内心地知道这项投资并不好。这样的投资者不但要忍受不良的回报，还失去了机会成本。所谓的机会成本就是，如果他们在其他领域中拥有运转良好的投资的话，原本可以把不良投资中的资金放到那些投资中，以追求更高回报。除此之外，切断你和某次不良投资的联系，给你的心理和情感上带来的好处将是显著的，这种不良投资，将会影响你的增长空间，阻止你给予其他投资机会应有的考虑。抛掉它们，感受一下这给你带来的自由。

根据投资产品的特点而不是根据财务、时间或精力的投入来判断某项投资。有时候，假如某项投资只花了很少的时间和精力也大获成功，那么，相反的情形也是真实存在的，即有的投资尽管让你投入了大量时间和精力，却无法给你带来盈利。在这些例子中，不要仅仅因为你觉得赚不到它们应当赚取的回报而卖出。已经花在上面的时间和精力，跟未来的结果没有关联，因此，把它们放下吧。

2.何时改变，以及何时继续前进。

尽管投资长远、坚守你的信息与策略、不要每隔5分钟就变来变去等原则十分重要，但同样重要的是，在绝对必要的时候，一定要反省和转移重心。许多投资者对一些业绩优异的公司抱有必胜信念，但由于结构变化或市场变迁，它们的业绩可能不再优异了。假如有必要而且合适的话，对某个商业模式、某项投资、某种产品选择、某位合伙人，或者某种营销策略改变你的想法，是完全可以的。一旦你确定了，并在一段时间内持续且充分地考虑了这些，那就全心全意地去改变吧。一定要知道何时继续前进（大多数时候），以及何时转移重心（在市场或行情出现变化，必须这么做时）。

3. 避免痛苦。

不良投资制造的消极情绪可能导致投资者和企业老板不愿再去碰那些投资。他们像鸵鸟那样把头埋进沙子里，这是因为，如果无视或不理会这种痛苦、假装它不在那里，或者那些投资并不是大生意，则可能更容易消除痛苦。尽管这种方法在短期内能让人们更好过一些，但无助于人们理解错在哪里，或无益于从失败中汲取教训。"没有痛苦，哪来收获"可能已成为陈词滥调，但对于投资中的这些情况来说，确实是真的。屏住呼吸，采取一些最初可能令你痛苦不堪的措施来阻止某项投资或某个决策对你的业务或投资组合造成的伤害，你便能够更快地解决问题。而同样宝贵的是，你可以从中汲取很好的经验教训，并且能够将这些经验教训"再投入"到未来的投资决策中。

如果你让某样东西一直在你的卧室角落里发臭，那种臭气可能会变得越来越浓烈，直到最后，你确实再没有办法无视它或者摆脱它了。坦诚地对待投资是非常有价值的，通常意味着你身边那些经验更丰富的人们会更加信任和尊重你。当人们都知道你能够专注且迅速地解决问题时，你会变成你自己和他人的一股强大力量、一种不可缺少的资产。

4. 优越感。

许多投资者可能坠入这样一个陷阱：他们相信自己比市场中其他人更优秀或更聪明。在市场中，受过良好教育或者积累丰富经验可能是有益的，但对你自己在哪些方面容易犯错有着健康的自我意识，而且一定程度地保持谦逊，还会使你不断进步，并对新的经验与过去的教训持更加开明的态度。

5.极端。

人都是不完美的动物，当事情发展十分顺利或者举步维艰时，都会感受一些心理压力，情绪亦会水涨船高。我们观察事物时，往往只在完全相对的两个极端中观察，并没有持续不断地从两个极端中寻求平衡。事情永远都不是它们看起来得那么坏，或者也不是它们看上去的那么好。如果你只注重情绪平衡中的某一个部分，就理解不了现实的真实情况。任何事情都既有好的一面，也有不好的一面。因此，当事情的进展似乎不如人意时，保持冷静。不要急于做出决定或者寻求有利的一面来平衡情绪。在艰难时期，通常可以获得宝贵的经验教训，培育坚韧品质，并找到一些新的机会。把决定留到第二天再来做可能是个好主意，因为你花了时间深入考虑，可以确保决策时产生好的感觉或者觉得更加平衡。

> 匆忙之中或者在错误的情绪状态之下（情绪过于低落和过于高涨）做出的决策，可能让你付出沉痛的代价，而且常常让你后悔不迭。

| 成为反常规投资者 |

在经济变革时期，通过违逆资产价值的剧烈波动来投资，可以实现大幅盈利。许多人害怕改变，但最大的改变或调整，产生了最好的机会。在类似这样的时期，当经济形势发生逆转时，人们变得担惊受怕，黄金的价值一般会上涨。于是，普通公众通常会听到，在某种投资产品连续几年获得了相当好的回报后再去投资它，有着各种好处。由于在2007年次贷危机之前没有太多人讨论过黄金，因此，在危机之后的几年里，这种贵金属并没有出现在公众意识的前沿中。但随后，许多繁华的商业街上开始冒出金店，销售黄金的广告也似乎无处不在，人们开始在自家阁楼上想方设法腾出空间来存放黄金，意味着那些地方到处都放着钱，但通常只能收获可怜的利息。

现实是，许多购买黄金的投资者，是在黄金价格由于市场的不确定性以及投资者需要一个安全的避风港而且价格已经上涨时购买的（主要从交易所购买）。到2015年时，黄金价格再度下跌，最初买这些资产而投入其中的资金，大部分已经消失了（购买者大多数是新手投资者，他们在黄金价格上涨了几年后再购买，通常是在2010年的信贷紧缩之后）。2015年年底，随着英国决定是否留在欧盟的全民公投即将举行，乔治·索罗斯发现了一个机会，认为在公投之前（也许还是公投以后，事实上也确实发生在公投以后）黄金价格会再度上涨。关于他这场巨额赌注的新闻直到后来才公布出来，等到消息公布时，他可以获得20%以上的回报，已经是一目了然了。

早在1992年汇率机制崩溃时，索罗斯就曾这样做过，这次只不过是故技重施罢了。汇率机制是欧洲的一个体系，它有效地将英镑与德国央行管理的备受赞美的德国马克挂起钩来。由于通货膨胀和这两个国家之间增长速度不搭调，加上初次进入的汇率不匹配，因此，当英国政府试图打败那些正在抛售英镑的交易者时，黑色星期三出现了。保守党（那个时候，英国的汇率由保守党设定，不是由英格兰银行设定）疯狂地买入英镑，利率上涨到12%，短期内甚至达到15%。到最后，当英国政府决定不再投入更多资金时，正在抛售英镑的索罗斯和许多其他的交易员胜利了。这些投资者通过逆向操作赚了数亿英镑。

来自导师和投资者的经验

以下提到的投资者，并不一定是单纯为了逆向投资而成为逆向投资者的，但在其他大多数人并不这样投资时，他们天生就知道这样做，并且持续取得了成功。

1. 安德烈亚斯·帕纳约图。

在过去半个世纪里，和别的商业市场相比，住宅房地产市场的价值增长了数倍。在伦敦等一些地区，由于不断膨胀的人口和住宅供应不足，商业住宅房地产面临巨大的需求侧压力，出现了极速增长，和其他商业资本的增速相比，你可以在其增长率的百分比后面直接加一个0。也就是说，假如其他商业资产的增长率为3%，商业住宅房地产市场的增长率几乎是30%。在这个领域，安德烈亚斯·帕纳约图（Andreas Panayiotou）做出了正确的选择，他为居民提供住宅，而不是为公司提供办公楼。最后，在2006年，他将投资组合卖给了"城市"基金，当时他已成为全英国最大的私人住宅的房东，坐拥8 000套公寓。他卖出的时机堪称完美，因为到2007年年底，市场开始陷入崩溃。随后他进军酒店业，和希尔顿和雷迪森等酒店集团做了一系列的生意，购买不动产的永久产权，并由这些酒店集团根据管理合约经营酒店。

帕纳约图是从他父母位于伦敦东区的干洗店开始自己的经商生涯的。他注意到，一些老旧的商业建筑要么人去楼空，要么没有得到充分利用。在他看来，这些楼房可以改造成包含公寓的富丽堂皇的房子。他适时买入一些商业建筑，并将它们改造成一幢幢的公寓，接下来，他不像其他开发商那样主要销售自己开发的新楼盘，而是反其道而行之，只将其租出去。他长期持有这些投资，然后从银行以低利率杠杆借贷，于是，当年他改造成公寓的那些旧楼，给他带来了丰厚的收益。而且，由于市场的价值逐年递增，他每年还会获得更大利润。

我从帕纳约图身上学到了宝贵的经验。他是增值理念的极力拥护者，而且只在构建了缓冲机制时才进入房地产领域投资。接下来，他总是从大型商业放贷机构那里杠杆借贷（但只达到明智的60%～70%的水平）。通常情况下，他只会投资于那些毛收益介于6%～9%的投资产品。

2.沃伦·巴菲特。

我十分敬重的另一位通过逆向投资而盈利的投资者是沃伦·巴菲特。他的故事广为人知，甚至稍稍显得有些老生常谈了，而且，他似乎对财富显露出来的外部标志（如豪宅、豪车、豪华游艇等）基本不感兴趣。不过，他会花大量时间阅读公司的财务报告，试着了解公司的运营、管理和前景。我敬重他这种不管大众在怎样投资而始终坚持做自己的方式。

1997—2000年的高新技术繁荣期间，巴菲特的这种逆向投资趋势变得十分明显。和其他绝大多数市场参与者（包括我）不一样的是，巴菲特一直拒绝涉足该领域的投资。他说他不了解高科技公司，那些公司在他的能力范围之外，因此持币观望、按兵不动。当所有人都已进入，而且从外表看起来，投资于这些高科技公司有如获得了印钞许可证时，要像巴菲特这样捂紧自己的钱袋子，也许并不容易，但这恰好是反常规理念的完美例子。这些高科技公司几乎没有什么历史数据可供人们在投资决策时参考，这也是一个问题。当一家公司并不具备已得到证明的概念或利润时，股市的估值可能变得疯狂，股票的价格一天能上涨20倍（没错，这的确发生过，我在快20岁时就曾投资过这些股票）。当然，只有在如今的事后诸葛亮的帮助下，我们才能明显地看出来。

巴菲特在早期的投资生涯中就对细节十分关注，这让他受益匪浅。他十几岁开始读有关商业和投资的书，称得上是"极客"的原型，早在1958年时，就开着一辆4万英镑的凯迪拉克XTS轿车并居住在自己用大约2万英镑购买的房子中，所有这些，可能并没有超出许多正常的美国家庭的范畴。在我看来，巴菲特招人喜欢的一点是他足够了解自己，知道哪些东西不能为他所用，而他的逆势而为的风格，使得他可以对别人说，他对自己本该拥有的游艇和豪车不屑一顾。我并不是说，人们即使真心喜欢这些东西而且享受得起，也不应该拥有它们，但我稍稍更加崇拜这样的人：由于自己热爱某些东西而选择和购买，而不是由于他们身边的人觉得他们应当拥有这些东西而选择和购买。

3.安东尼·波顿。

另一位借助逆向投资而盈利并在2005年前后引起我注意的投资者是安东尼·波顿（Anthony Bolton），他经营着富达特殊情况基金，是著名的选股专家，遵守一些十分简单但明显有效的原则：

- 知道你为什么持股。
- 知道价格打了多少折。
- 了解你自己。

波顿是另一位对21世纪初互联网泡沫股票视而不见的投资者，也因此从大众中脱颖而出。他坚持认为，重要的是投资于你在一定程度上有所了解的公司。假如一位医生要做投资，那么，投资于某家医药公司，会比投资于锡矿好得多。除此之外，重要的是了解市场是不是错误地定价了某家公司的股票，以及你认为这种定价错得有多离谱。

由于市场代表着人们对未来持股的信心，而不是代表未来持股的实际情况，因此，市场中弥漫的气氛，通常是错误的。如果你想从股票中投资获利，那你的职责是发现在哪些板块和哪些公司中出现了这种错误定价，而且要对这些板块和公司有所了解。通常，一旦市场崩盘，所有参与者都不看好市场前景，市场中因而弥漫着熊市的氛围，那么，许多公司将会提供有吸引力的估值。波顿相信的一条至关重要的经验是：当市场中仍然有大量小心翼翼的投资者时，也许还有很长的路要走。

4. 尼尔·伍德福德。

尼尔·伍德福德（Neil Woodford）是另一位在股市中创下长期成功纪录的著名投资者，也是我认为的通过逆向投资而盈利的投资者。他同样把注意力集中在他完全了解的领域，常常追踪那些分红或股息高于普通股票的公司。他要确保这些公司是可持续的而不是昙花一现的，并建立了自己的基金，在数十年的时间里给自己带来最稳定的优良回报。

在他的投资模式中，一个始终如一的主题是投资于烟草公司。用他的话来说，他的职责是使投资者获得良好的回报而不是做出道德判断，因此，他将基金的一部分专门用来投资于卷烟厂，因为他注意到，这些工厂通常提供较高的股息。许多投资者认为，烟草公司的产品可能给人们的健康造成损害，所以不买烟草公司的股票，这样一来，很多这类公司的资本价值或股票价格受到非正常的打压。对伍德福德来说，这些公司蕴藏着典型的逆向投资者通过逆向操作而获利的机会。

运用这些教训

我们同样通过逆向操作，并以我们自己谦卑的方式赚得了一些利润。2009—2011年，我们继续疯狂买入英国的商业房地产，目的是将其改造成住宅房地产。运用多年的专长和直觉，我们评估了市场的状况，许多商业建筑的价值在2007年的基础上下跌了超80%，所以我们野心勃勃地买入。我们认为这个价格不可能再大幅下跌了。

随着媒体不断地提醒人们房地产市场已经变得多么伤痕累累，市场情绪进一步低落。由于我们主要是在萧条来临前投资的，很多人表达了同情和慰问，并对这些生意有多么糟糕产生了疑问，还有许多人以为，房地产市场中的每个人，日子都不好过。实际上，在这段时期，随着能够或者想要买房的人变得越来越少，租房市场却得到了增长。而随着租金上涨，利润自然水涨船高。显然，资本的价值确实受损了，但这真的只影响了那些不得不卖房的人，比如开发商。和往常的情况一样，在2009年和2010年，这种消极情绪在大部分人心头达到了顶峰，但讽刺的是，当时恰好是买入的最好时机。由于我们的心态与反常规的投资理念完美地一致，我们也就准备好了通过逆向投资而盈利。

到2013年，媒体和广大公众对房地产市场的看法积极多了，毕竟已经呈现了一次规模最大的恢复。我们在熊市期间购买的大部分资产迅速升值30%以上，资本增长高达数百万英镑。市场恢复期间价格的上涨速度和萧条期间价格的下跌速度一样迅猛。媒体的唱衰真的助了我们一臂之力，因为它侵蚀了人们的信心，所以我们对此充满感激。而且，同往常一样，假如我们听从大众的看法，可能对财富造成相当大的损害。

很多人会告诉你，在商业和投资中你应当做什么、绝不能做什么。有人对我们说过，一旦网络视频流蓬勃发展起来，现场举办的活动将会消亡。还有人告诉我们，免费的社交媒体将颠覆我们的培训业务。到处有人给我们提"建议"，大部分是有着强烈动机阻止我们的人。这类建议，我们很少主动去寻求，而是那些在持续盈利方面没有经验的人们强加给我们的。记住，免费的忠告值得考虑，但前提是，它们得来自恰当的源头。在考虑别人的建议时，要确保是做过这些业务一段时间的人们提供的。而且，假如你不采纳别人的建议，也不必跟别人争辩，这会浪费你的时间。只要微微一笑，感谢他们的建议，继续做你正在做的事情。另外，当你找到杰出的导师和顾问时，要一直和他们保持密切关系，哪怕历经数十年。

随着你获得越来越丰富的经验，若是你认为投资的资产或类别再也不可能上涨了，那就是时候卖出了。相反，假如你觉得它们再也不可能下跌了，则可能是买入的好时机。你也许不会百分百正确，但也八九不离十。许多导师和投资者伙伴讲过一些故事，当他们觉得市场的价格过高时，会卖光手中的投资。安德烈亚斯·帕纳约图在2007年的萧条来临之前就曾这样做过，将数百万英镑的资产变现。安斯克夫家族在市场接近顶峰时，不止一次卖出他们的起重机租用公司。这也是你长时间留在你投资的商业模式和投资类别中的另一个原因，因为这样的话，你"预测"这些高峰和低谷的能力会越来越强，每次的预测也会越来越准确。

我所依赖的盈利策略

我已经有针对性地阐述了我认为在商业和投资中真正奏效的策略，因此，本章介绍一种更加通用而且常青的观点，涉及如何通过逆向投资而盈利。

让业绩说话

成功总能留下线索。让别人来谈论你的成功，但不要太过自吹自擂了，要平衡好自我宣扬与谦虚谨慎之间的关系。听你说话的人会觉得，你在描述自己取得了什么样的成绩时，明显是有偏见的（当然，我也一样），有时候这会导致他们对你的有些话半信半疑。继续努力下去，做擅长的事情，持续学习、分析和反复练习，是更好的做法。人们自然会注意到你取得了什么成绩，最强有力的证据是他们跟别人口口相传。要做到出色，而不是你自己去告诉所有人你很出色。努力工作且聪明地工作，这样的话，你付出的努力将变得更好，将通过发展利基技能来累积成功，并且比其他任何人都经历更长久和更卓越的成功。

效仿最杰出者

效仿最杰出者是一个很好的习惯。你如果可以找出任何一个行业或部门中最杰出的人或公司，搞清楚他们怎样投资或者是什么造就了他们的成功，那就找到了更快盈利的捷径，相当于有人为你开辟了道路（这个人犯过一些错误，也找到了宝藏），或者你可以直接借鉴已经建立起来的系统。你如果明智地和最杰出的人建立了信任的关系，就可以从他们身上学到宝贵的经验教训。由于任何行业或部门中最杰出的人士通常能赚到比普通人多出数倍的利润，因此这是一种很好的策略。杰出人士在你身边，还能鼓舞你的斗志，给你带来积极的影响。这种影响能够充当你的下一阶段工作的跳板和催化剂，你可以将其运用到经商生涯或生活中去。杰出人士究竟是付费的导师、朋友的朋友、将你保护在羽翼之下的人，还是你能以某种方式帮助他以求互惠互利的人，其实并不重要。最杰出的人士或者最优秀的产品或服务，总是有市场的；人们在萧条期间想要最杰出的和最优秀的，在繁荣期间也想要这样的，而且，这些人和产品、服务永远不会过时。向那些能够买得起的人们推销最优秀的产品与服务，还可以获得更多的利润。

着重考虑长远

我喜欢着眼于长远来思考、规划和投资。考虑20年或者更长久以后的事情,将会获益良多。假如你付出了所有的艰苦努力但得到的结果不太好,那你的努力已经付出了,没什么遗憾的;假如你几乎毫不费力就能获得好的收入和结果,那么,它们会让你今后付出努力或代价,即人们常说的"出来混,总是要还的"。这意味着你必须使收入最大化,自始至终地坚持下去。记住,频繁地变来变去和重新开始,都将产生显著的成本。坚持同一个计划的时间越长,资产也会增长得越多。如果能坚持最长的时间,复利和盈利势头可以发挥最大的作用,而如果重新开始,它们全都会清零。

坐拥多个收入流

仅仅只有一个收入流,是有风险的。假如出现一次彻底不在你掌控之中的变故,你的收入可能立马就消失了。当然,我们每个人都希望拥有多个被动收入流,这既是为了我们的财富,也是为了我们生活无忧。我(很大程度上)喜欢多个收入流,一是为了保护资产,二是为了惬意生活,三是为了在经济周期的各个阶段提供保护。正如俗话说的"东方不亮西方亮",有的时候,这些收入流滚滚而来,那些却几乎干涸;而当市场出现变化时,可能会倒过来,原本活跃的收入流变得停滞,原本停滞的收入流变得活跃。多个收入流还能迅速积累资本,保护了资本与财富,也保障了收入增长。但请小心,不要在没有培育和整理现有的收入流的时候想去尽力兼顾过多的收入流，或者在开辟过多收入流的时候动作过快、用力过猛。

建立人际关系

人际关系是使你终身受益的资产，但我在早年的经商生涯中并没有像重视有形资产那样重视人际关系。如今，无论在商界还是生活中，我都极为重视杰出人士，和他们建立起了良好的人际关系后，你在商业、金融业、投资业中打拼，不论发生什么事情，都可以获得他们的帮助、支持、鼓舞，他们会和你同甘共苦，共同分享；会向你伸出援手，助你发展壮大。这种效应是深远的。在构筑投资组合或者努力发展企业时，建设你的朋友圈子：用心并集中精力去做这件事，好比你在接下来的几十年里要依靠它来生存那样。

自己努力

你必须在相当长的时间内靠自己生活，因此，着力提升自己的知识、技能，并且关心自己，是有道理的；这也能够预测你会对自己所处的局面产生怎样的感觉以及做出何种反应。如果你发现自己脑海中积累了从各种媒体上了解到的（包括书籍、有声读物、播客、网络视频、培训课程，以及导师的教育和指导等）宝贵教育素材，那么你本人会成长，你的收入也会增长。如今，人们一离开学校便几乎不再继续学习，对此我感到很惊讶。正因为如此，假如你涉足的行业也恰好是你充满热情想做的事情，对你将有所帮助：在这种情况下，教育给你的感觉不会是工作，也不至于让你想起回到学校的情景。

只有真正了解自己，你才能确定你自己的生活方式，在商业和投资中取得最佳的结果。这方面的一些例子是，知道你需要多少睡眠才能保证白天精神状态最好；知道你在一天中的什么时间精力最充沛或者情绪最低落，或者知道你在什么时候觉得倍受鼓舞和决策疲劳；知道你冬天时需要多少阳光或者应该怎样来布置你的工作场所，诸如此类。

我们都是半成品，都有进步的空间，而这种自我改进，将使我们能够获得更多的收入，创建更加坚实可靠的企业。

如何建立、发展和壮大企业

经常有人问我怎么做到这些。在这一节,我会详细探讨这个主题,因为在某种程度上,这个问题类似于"一根绳子有多长"。建立、发展和壮大企业,取决于商业模式、个人、市场、获取资本及其他资源的能力,还有更多别的因素。我不是那种回避聪明提问的人,不过,和有着极大热情创办企业并围绕这个主题写书的人一样,我也花了大量的时间思考怎样为创办、发展和壮大企业而创建一个"系统",因为我认为,如果没有这样的"系统",企业会变得过于普通。

预算

我相信大多数企业在创办之初都是预算从紧,用最少的资本来启动,并且一开始先从利润的再投资中获得增长。你可能认为,进军商界，要么需要一笔可观的启动资本，要么有位大老板充当你的救星，使未来的业务有保障。这通常是不切实际的臆想，给你找了一个借口来证明为什么有的人不去创办公司。这还将帮你证明，为什么那些人的生活就是他们现在的这个样子，以及为什么他们到达不了他们想要到达的地方。

许多人会把《龙潭》节目中的一段内容或者硅谷中数十亿个故事作为他们祈祷的答案，仿佛资本的注入将使他们能够创办自己的企业，或者将原本已创办的企业发展成下一个脸书、优步。其实，参与《龙潭》节目或者与风投资本家接触，最大的好处很可能是充分利用成功企业家和风投资本家的经验和指导，而不是获得他们提供的资本。在我看来，更明智的做法是汲取关于公司经营的经验，而不是冒险将巨额资金投入你还没有学会如何正确管理和配置资金的领域。获得资本注入之后，也有许多不利的方面，但人们很少发现这些，因为他们被金钱蒙蔽了双眼，渴望获得一条捷径。那些钱打进你的账户之后，也让你付出巨大的成本和代价：你对公司的控制减少了，股本被削弱了，招来了一群决策者（我们都知道，当决策由委员会来做出时，往往效率大为降低），而且通常还导致了浪费。

依靠自己的力量来经营公司，通常是测试和证明某一概念、表明产品有市场、显示公司可以运用可靠原则来发展的最佳方式。银行融资（如果可行的话）可能会使企业家支出更自由，毕竟，许多人花别人的钱往往比花自己的钱出手更大方，在21世纪初的经济繁荣期，二次抵押的财产权益的喷涌而出，就是这种情况。巨额的资本注入可能减小了紧迫感，使得公司决策者不再将创收和控制成本作为企业发展的重点。此外，它还可能助长巨额的不必要的工资和支出，这将会使羽翼未丰的企业不太可能成功。

显然，若是企业拥有得到了证明的（我的意思是，在另一些商业环境或背景中历经数年的真正的证明）商业模式和经验丰富的管理层，那么，外部资本的注入可能极为有益。我并不打算抨击整个融资行业本身，只是指出媒体上大肆鼓吹的、大多数创业的企业家心怀的那种虚幻梦想。风险资本、私募股本以及其他形式的融资，可以显著地加快增长、帮助购买市场份额、支持买入股票与房屋、增加营销支出，并且有助于掀起一股招聘的热潮。

商业模式

许多成功的企业在创办时运用了市场中其他成功公司的灵感。一种受欢迎的想法是，只要说到创办新的企业，最好是创造一些新的或原创的东西（学校也是这么教我们的），但与这种想法相反，我觉得这通常不是个好主意，甚至可能是不计后果的蛮干。如我们已经探讨的那样，迭代创新和模式融合往往风险更小，而且也被证明能带来更好的结果。

可靠的商业模式建立在稳固而持久的基本面上，常常需要在很长时间内、在广泛的消费者中和一系列经济背景下进行测试，才能得以证明。最好是运用在你感兴趣的领域中良好运行的公司的经验，并且模拟他们的成功特点。模拟或者复制不是好的策略，而且，这样做的结果，可能只是得到被你模拟或复制的公司的最佳版本，却永远不可能超越最佳版本。但是，你可能会注意到，许多领先的企业之间存在密切的相似性，这不只是一种巧合。在实践中，模拟某家成功企业的最好方式是仔细分析它的案例研究，认真思考它怎样运营、如何构建企业文化、客户来自哪里，以及怎样制造和交付产品或服务。接下来，你可以确保你在那种产品、运营和文化中融入自己的风格或观点，并且结合你自己的营销方式，来吸引客户和展现独特性。

在2006年12月创办第一家公司之前，我的合伙人和我给公司想了一个名字。合伙人渴望创造新的东西，而我热衷于模拟我认为已经成功的东西。我觉得模拟是一种降低风险的方法。我们观察了一些看起来最卓越的公司来效仿，最后给公司取了一个与竞争对手非常相似的名字。不过，等我们的公司一成立，我立马就后悔不该取这样的名字了，于是又从头再来。三个月后，我们将公司的名字改为"进步房地产公司"，和竞争对手的名字相比，这是一个具有颠覆意义的创新型的名字，而且也有效得多。短短几年以后，我们模拟的公司破产了，因此，我们更换公司名称可能是个明智的举动。

合伙人和员工

经营成功的公司，最重要的因素是人。尽管用于测量的系统和自动化也很重要，但你仍需要员工来运行它们，机器不可能创造文化、塑造品牌、建立信任、培育忠诚。打造团队的关键是辨别那些非常擅长你不擅长的事情的人们，并把他们吸引到你的公司。从这些人中挑选一位企业合作人，可以让你的事业和企业发生翻天覆地的变化，也就是说，这个人要和你秉持相同的目标、价值观和长期愿景，但在实际操作上与你风格迥异。我在多年的经历中注意到，最有利的合伙方式是：两位合伙人一点儿也不像，其中一人擅长的或者喜欢做的事情与另一个人完全相反。

在选择企业合伙人或合资伙伴以及打造团队时犯下错误，可能得付出十分高昂的代价。很多人想和喜欢他们的人做生意——也就是他们也喜欢的人，因为这种感觉很好，而且在短时间内让人兴奋。他们浪漫地在商界寻找自己的"灵魂伴侣"，但讽刺的是，这通常是一时冲动之下做出的决定，只有到了后来，他们才会由于与"灵魂伴侣"个性冲突或者角色与任务的重合而发生争吵。

另一些知识稍稍丰富的人则会"走出去"，根据他们两人都会参加的个性或价值观的测试的结果来寻找企业合伙人。接下来，他们通常会试着与和自己性格完全相对的人建立合伙关系。尽管这可能比自己创办企业更好一些，但他们错误地认为，由于合伙人之间性格迥然不同，这种差异一定会发挥其作用，他们没有辨别各自的目标与目的，也没有花时间去想清楚。像这样过于简化地匹配合伙人，忽略了人际关系中许多微妙的方面，在长期合作中以及遇到挑战时会影响到两人之间的合作。事实上，所有的合伙关系都经历过蜜月期，在那些时候，企业"财源滚滚"，但也有许多合伙关系没能经受住时间、挑战和艰难困苦的考验。

没错，了解别人正在从商业和生活中寻找些什么，并且列出一个你认为可能与你和谐共处的人们的名单，总是件好事。但一个经常被人们忽略的重要步骤是：争取在某家公司中待一段时间，以观察你和公司怎样互动、你们之间如何相互提供价值，然后再"撸起袖子干起来"。这可能意味着创办一家公司，并且在投入巨额资本或大量时间之前，先测试其销量或者产品。我发现，很多人要么没有业务合伙人或团队，因而必须自己动手做所有事情（包括他们讨厌做的和极不擅长的所有事情），要么像盲目约会那样，不考虑愿景、协调、各自的优势与劣势、双方是否有一定的共同之处等情况，就开始与他人合作和合资。

罗伯·摩尔和我最初同在另一家公司工作，在那里共事了半年时间，了解了我们会怎样互动。这段时间十分重要，和一对夫妻经过求婚期之后再结婚稍稍有些类似，因为人们将来会做的事情，过去基本上也做过了。一旦你的合作伙伴借以吸引你注意的光环已经消散，而且他们感到和你共事更加舒服，你还需要一段孵化期来观察合作伙伴的行为，在这段时间内，将会更清晰地发现他们真正的优势与劣势。

产品和系统

任何一家新公司的初期阶段都包括测试和优化产品、流程及营销系统。随着时间的推移，你发展和完善这些方面，使之更可靠，使公司更能经受住市场的洗礼，使客户的体验更加美好，而且应当能使公司的财务状况处在良好水平。一旦这些系统已经建立起来，你可以在设立的组织层级体系中将每一项工作转移到其他团队成员身上。没错，现代公司变得更加"扁平"，组织层级较少，但我相信还是需要一些管理层级的，这样才能管理和发展壮大公司。接下来，你就不必花时间去换金钱，而是一心一意地增加营业收入了。

一旦你将自己的工作时间延长至生理极限，再不可能通过无休止的加班来增加收入了，那么，增收的唯一方式便是通过系统的改进优化和人员的升级换代了。如果让你自己去获得能力，将会导致压力剧增、错误百出，而你当初创办公司的愉悦心情以及理由，看起来成了遥远的记忆。这是所有企业都得经历的一个痛点：这很正常，很多人也和你一样。不过，大多数从事个体经营的人们，在拥有一家真正的公司的幻想的影响下，不会通过这种方式来发展壮大自身的业务。

为了在测试阶段结束后适当地控制和管理公司，需要准备一些核对项目和指标，以监控公司的财务健康水平。最常见的是一系列的关键绩效指标，这也许还是测试公司业绩的最佳方式。它们是一组简单的绩效指标，你可以迅速地参考并且用来作为测量进展情况的方法。这些指标需要细化为特定的测量指标，例如，每一项业务每个月销售了多少件产品、某一特定的营销活动带来了多少收入，以及从银行中获得了多少现金。

创办公司

开始发展和扩张一家公司，当然会面临许多的变数和挑战，你无法预测它们或者把它们列入一个清单系统。不过，假如你遵循下面这些步骤，执行这些策略，并且充分利用这些平台、指标和资源,那么你的公司应当能够站稳脚跟、扩大规模、实现可持续发展。在下面的各个步骤介绍的创办和扩张公司的模式中,一些重要绩效指标将会得到测量。

第1步:发现你的愿景和价值观。

首先(对这个步骤,不要将愿景和价值观货币化,或者,也不要想着为什么无法做到这一点),问你自己两个问题:

- 我生命中最重要的是什么?
- 我的目标是什么?

为帮助你回答这两个问题,你可以向自己提更多的问题,列举如下:

- 你可以整天忙着做些什么事情,它(在大部分时间里)给你的感觉不像是工作?
- 你准备在哪些领域接受挑战?在这些领域,你会"撸起袖子干起来"而不是"放弃之后转身走开"。
- 你做什么事情时感觉做得顺手极了?你在什么领域内觉得时间飞快地流逝?
- 你在什么方面乐于帮助他人并解决问题?
- 你做什么事情觉得比别人做得更好,或者觉得自己能够更加擅长?
- 你在哪些事情上已经花了大量的时间来思考和行动?

- 你觉得自己参与了哪些比你自己更重要的事业？或者，你想和别人共享什么样的使命？

第2步：围绕不断出现的创意或点子来创办公司。
以下是将你潜藏的才能和独特性转变成利润的方式：

- 测试有意义的问题/解决方案。
- 测试你的企业是不是服务他人、解决问题和升级扩展。
- 众包[①]你的产品/服务，并尽快制造最小化的可行产品。
- 以较低的日常管理费用，冒较小的风险，从总体上测试你的产品/服务/知识产权。
- 获得反馈并反复测试。
- 频繁地转移重点，不要太迷恋于你想要的东西：柯达、劳斯莱斯和可口可乐全都是从别的商业模式开始起步并逐渐发展它们当前的业务的。
- 你可以用它来盈利吗？真的吗？不要留恋过去或者空想未来，较早地化解风险。
- 找出你理想的客户是什么人，以及是否拥有足够多的理想客户。
- 对你推出的每一种产品/服务，重复这个过程，每年检查一次，看看你现有的企业是不是仍在做这些。

---

① 众包指的是一个公司或机构把过去由员工执行的工作任务，以自由自愿的形式外包给非特定的（而且通常是大型的）大众网络的做法，也就是通过网络做产品的开发需求调研，以用户的真实使用感受为出发点。

第3步：创造你的产品或推出你的服务，并且启动。

- 首先从制造最小化可行产品开始，并且进行迭代。
- 你是否拥有知识产权、许可、专利、商标？还是这里列举的一样都没有？
- 迅速而简易地在网上创建你的公司。
- 创办公司时，决定你是一个人单干、与商业合伙人一同创业，还是在刚开始时聘请一位员工（个人助理、总经理/运营官或销售官）。
- 单独计算你的成本和边际利润，并且包含日常管理费用；计算毛利润（GP）和净利润（NP）。
- 算出你的损益平衡点、每位客户的最大获得成本（MAC）、人均收益（PHR）和终身客户价值（LCV）。
- 通过现金流、个人现金/贷款或者股本来筹集资金。
- 聚焦于赚钱而不是花钱。根据报酬来决定。

第4步：了解你的价值观、愿景、使命与文化。

- 你信奉和主张什么？
- 是什么让你独一无二？
- 你会怎样改变世界/给人留下印象？
- 如何为客户服务和解决问题？

- 你的团队/员工将怎样体现你的价值观、愿景、使命与文化？
- 是什么让你的公司成为员工甘心为之奋斗的最好的公司？

第5步：创建社区、数据库，构筑粉丝、追随者和客户群。

- 运用多平台策略。
- 首先充分利用所有免费的平台（YouTube、脸书、领英、推特等）
- 在所有主要的搜索引擎和网站上亮相并提高可信度。
- 免费提供信息以释放善意。
- 使人们容易关注、喜欢和点击你，也易于获取你公司的信息。
- 尽快投资于按点击量付费的广告（PPC）。
- 探索尽可能多的营销渠道：直接反应式推销，而不是"品牌"营销。

第6步：塑造你的个人品牌和企业品牌。

- 既在公司内部又在公司外部提升你的品牌的价值。
- 为你和你的公司构筑一些平台（脸书、推特、照片墙、领英、YouTube等）。
- 不要让公司依赖你，否则不可能扩大规模。

- 为你的社区免费提供宝贵的信息,并且照顾好你所在的社区。
- 清晰阐明你的愿景和价值观,定义你是以及不是什么样的人。
- 在新的创新与现有的得到证明的平台之间把握平衡。
- 较早地欢迎数据化并迅速地着力建设一支营销队伍。

第7步:管理企业的主要职能。

企业的主要职能如下:

- 营销。
- 愿景与创新。
- 销售。
- 会计。
- 财务。
- 人力资源与招聘。
- 管理。
- 领导层/发言人。

第8步:管理自己并建设你的团队。

- 制定一个适合你的日程安排表并认真遵守,将关键结果领域(KRA)、创收任务(IGT)以及关键绩效指标等包含进来。

- 划分你的时间（用日志来管理你的日常生活，绝不要自己管理自己）。
- 思考愿景和团队建设，每天都早早地进行这种思考。
- 管理和熟练掌控你的情绪（运用戒律和领导力）。
- 在没有现金时使用你的非货币性（NM）资产。
- 帮助人们，提升价值，着眼于合资经营（JV）。
- 不要等到你已经撑不下去了再来杠杆借贷。
- 将你的热情/职业与你的工作/假期结合起来。
- 告诉所有人你在做什么，不带任何害羞和耻辱地、满怀热情地开展宣传和营销。

第9步：发展企业。

- 预料企业面临的各种挑战。不要指望那些挑战会消失，解决它们，用它们来助推企业发展。
- 如果你不断地征求客户的意见，生意将变得简单容易，给他们想要的和需要的产品或服务。
- 从长远着想。这个决策在未来的3年、5年或者10年内是不是依然正确？你必须坦然面对过去的错误。保持耐心，继续前进，即使一时间似乎进展缓慢，也不要停下前行的脚步。
- 为你所在的社区和行业做贡献。
- 重点关注为客户服务和解决问题。

- 将日常管理费用控制在低水平,不要急于从外部筹集资金。
- 做得越久,就会越容易。
- 找一些导师、上一些培训课,继续阅读/倾听/学习。不要自己去做这些,你过去不知道的事情,如果不从别人那里了解和学习,将来还是不知道。
- 不要在意或陷入批评家、憎恨你的人和质询者的批评中并与他们争辩,只要尽最大的努力把事情做好并为他人服务好就行了。
- 总是从别人那里寻求反馈,以便成长和改进。
- 不要拖延或否定真正的大问题。"撸起袖子"解决它们,这会增大你的价值。
- 知道什么时候该接受、什么时候该拒绝。
- 要尽快获得准确的和最新的管理记录和关键绩效指标。

为投资而筹集资金

在选择投资于哪些资产时,一个好主意是挑选一些银行理解的、能够保证它们的资金安全的那些资产。大多数可以产生收益的房产符合这一标准,然而,一旦它们变成了非主流的投资产品,比如在另类投资市场等不太知名的交易所交易的出租房或股权,那么银行放贷的兴趣将大为减小。谨慎的杠杆借贷还可以应用到持有股票的基金以及基于债券的投资中。巴克莱财富管理公司提供了这样的服务,可以为它们管理的投资组合放出60%的贷款。

另一些最近创新的服务,如点对点借贷和在线众筹,也有了显著增长。这些解决方案绕过了银行，直接将借贷者和储蓄者拉到一起来。我曾遇到很多人使用这些方法，目的是以较低利率来保证在更难处理的资产中投资时资金充足。不过，这在很大程度上取决于大众对哪些投资的贷款感兴趣，以及这些平台上最近几年已经取得了哪些成功。运行更好的平台拥有更可靠的尽职调查系统和方法来核实和验证借贷者的质量。我怀疑，从长远来看，这些平台将胜过那些规模较小、更加自由放任的平台，因为后者可能遭遇各种重大的挑战。

月度企业管理

我认识的许多企业老板将其银行本月账户余额与上月余额进行对比，计算每个月赚了多少钱。这显然不是计算企业财务健康状况的最好方法，甚至也不是一种准确的方法。

关于月度管理账目，尽管有很多的探讨，但通常都没有得到执行，不过，它是测量企业成功的关键指标。重要的是这些账目详尽地显示了当月收到了哪些收入以及产生了哪些成本。这些项目的质量和有效性将随着时间的推移而提高，因为你和你的会计团队会修订它们，使之更加相关。

在经济下行或萧条期间，尤为重要的是对收入的下滑情况保持警觉，以便迅速降低成本，避免现金流危机，这种危机到头来往往是企业走向破产的唯一原因。准确的和完美呈现的报告将对你有所帮助，因为企业管理层将根据数字来做出发展壮大企业的决策。

信息的流通也很关键。管理账目应当在月底的两周内产生。过后产生的账目将失去价值，因为过时的数字不能成为企业发展的决策依据。人们可能难以及时地获取这些账目，因为它们经常被作为不能公开的原因。尽管可能是这种情况，重要的是确保你的团队拥有能够提供这些数字的资源，如果他们手头没有这种资源，也要对这些数据负起责任。

| 模式融合与超级专业化 |

在运用反常规理念以便逆向投资而盈利时，模式融合和超级专业化（或者迭代式创新）是降低早期创新的风险的两种很好的方式。

讨论这些之前，重要的是理解上一个阶段：利基或者专业化。你不可能为所有人提供所有产品或服务，这连亚马逊和沃尔玛都做不到。同时，你也不可能老练地、可持续地投资各个资产类别。因此必须选择一些利基市场和专业化市场，在这些市场中，你有极大的热情参与，具备丰富的知识，以便将付出的时间最大限度地转换成回报。随着你积累更多的经验，取得更好的成果，可以扩展范围并拓宽利基市场，就像亚马逊那样。这家公司起初只卖图书，后来证明了电商的概念，扩大了规模，赚取了利润，然后将那些经验、理念、营销以及风险资本用来拓宽利基市场，在更广阔的市场中赚取更大的利润。

但是，宽泛的方法并非创办企业之初采用的明智方式。利基市场越窄小、越深化，你便能越发迅速地熟练掌握并主宰它，但它也会变得越来越小。因此，首先从足够窄小的利基市场入手，以便你能相对迅速地控制它，但也不能太过窄小。在这个方面，有一个真实的例子：有人曾围绕如何用奶油来做马卡龙三明治专门写过一本书。

模式融合是一种创新和发展的方式，目的是创造新的利基市场、制定新的解决方案和策略，而不必冒着成为第一家或自行测试它们的风险。你简单地将现有的模式或策略融合起来，或者借用不同的利基市场中的策略和模式，并将它们融合到你如今投资的资产类别之中。这可以有多种选择，因为你可以获得早期进入者的优势，在一个超级利基市场中首次涉足，然后不冒任何附带风险就成为更大的利基市场中的第一人。我将其视为一种更深涉足市场并继续在其中打拼的趋势。

市场在不断发展和演变的同时，也日益变得超级专业化。不到100年前，福特只有一种车型，即T型车，而且还只有黑色的。如今你可以看到许多混合动力型的小汽车，比如奔驰CLA或者GLA，颜色任由你挑选，还可以定制，此外，还有其他几乎无穷无尽的选择和附加设备。在音乐领域，你以前听甲壳虫乐队的歌曲，如今可以听各种各样的超级专业化的混合乐队的歌曲，如日本少女偶像金属乐队和美国金属乐队，他们只演奏弦乐器。另外，还有将说唱乐、节奏布鲁斯和流行音乐结合起来的白人男孩。现在，你想要怎么混合，便可以怎么混合。

在房地产领域，10~20年前，单次出租是住宅房地产的主要投资策略。接下来，随着创新者、颠覆者和企业家寻求解决方案、转移业务重点并迂回绕开监管，加上财务和市场的变化，新的子策略开始融合。众筹是这方面的一个例子，因为在2007—2008年的萧条期后，传统银行的贷款变得更难获得。如果你再进一步回想，一度从银行的某个人手中贷到的银行贷款（去见这个人，你可能会好好打扮一番，并且希望和他交上朋友），如今变成了点对点的借贷、过渡借贷、众筹，而且一部分是发展融资，另一部分是某些其他的筹资、融资圈子平台（Funding Circle）以及天使投资人——模式融合/利基市场，诸如此类。我相信，这种发展势头还会继续下去，直到某个人拥有了足够的资本并开展逆向创新——好比各公司如今只是"给那个电话号码打个电话"那样。

作为一位反常规的企业家或投资者，增长和保持创新发展的方式是在更广阔的市场中观察哪种类型的超级专业化正在涌现、哪些问题可以通过稍稍的调整来解决，以及你可以怎样将两种模式融合起来，好比将标准的小汽车与四轮驱动汽车融合起来。如果你欢迎这一点，那么市场的时机将变得不太重要，而你可以在迭代创新周期的各个阶段都取得成功。我特别喜欢这两种方法，因为这将降低风险、增大控制权，不至于出现大起大落、时富时贫的极端，而这种现象，对公司来说时有发生。

许多人以为，成功的公司最初是从人们在休闲时梦想的一个令人惊奇的创意或发明而发展起来的，接下来这些人便轻松赚到了数百万英镑。我只看到少数几个例子是这种情况,尽管如此,这样的故事也还是被美化了。大多数人没有意识到的是,成功来自应用和稳定地执行好的(但不是令人惊奇的)创意,而这方面的例子,却有许多。

第四章
投资者和企业家如何保持自我精进

本章包含了对投资者和企业家经常提出的一些问题的回答。例如，我常常问自己应该阅读哪些图书和报刊？怎样继续进行这种自我提升、自我发展？这里介绍的资源，与本书中前面任何一个小节中提到的不会完全一致，但仍然提供了一些重要方法来帮助你通过逆向投资而盈利。

我信任和不信任的投资和经营建议

我最喜欢的新信息的来源，通常是某位备受尊敬、经验丰富、在商界打拼多年的朋友、导师，或者是一门课程、一本书、一份报刊，也可能是专门针对我研究的领域的培训素材。其他方面的学习，则来自接受新的信息并运用它们。但这个拼图中缺失的部分是经验和实际做事的经历，这也是测试成功与否的标准，因此，你必须用实际行动反复测试、调整、测量来弥补理论知识的不足。我喜欢一遍又一遍地反复练习经商和投资，使之成为我人生的一部分，因为最好的、最轻松的成果，来自习惯。我们每个人都稍稍不同：有些人受益于他人更大的支持，有些人更喜欢理论，有些人则宁愿继续坚持下去。所有这些方法都是管用的，但如果我们不计后果地或者沾沾自喜地运用，有可能都是危险的。我觉得，真正重要的是在这方面对自己十分了解，因为这种自知将对我们生意的进展产生重大影响，也对我们需要支持和必须负起责任的方面影响显著。

我信任的房地产领域的资源

1.《土地注册指南》。

《土地注册指南》十分有助于你寻找房产。它通常清晰地列明了谁拥有产权、谁为其付钱、谁出租它。你可能会确定，联系当前的业主（也许并不是住在房子中的人）是协商一笔更有创造性的生意的好途径，比如用推迟完工或者期权交易来做交换。你也可能着眼于开发房产，在这种情况下，可以观察任何关于产权的契约，以确保你想做的事情不受任何限制。

放贷方和其他与债务相关的问题也可能出现在产权登记册上。产权计划尤其有益，因为你可以从中看出其包含了什么土地，并计算出是否有足够的空间来扩建或者另外建设房屋。另建的房屋需要进出的通道，这通常意味着得有足够的空间来修一条路。

2.国家房价指数和房地产门户网站。

这些可能十分有用，它们显示了在特定时期内房价的变动，并指明了整体的价格变化情况。虽说是官方数据，但这两个指数一般都会滞后数月，因为并没有登记买家购买之后3个月左右的交易。房地产门户网站的指数是前瞻性指数，是一个不太具体的追踪要价而不是实际售价的市场测量指标。由于这个指数反映的是购买过程前端的情况，因此，它显示了较早前的情绪的变化，正是这些要价，随后与实际的售价相联系（通常要价比实际售价更高），而实际的售价，由国家房价指数以及《土地注册指南》来追踪。

3.谷歌地图和谷歌街景。

我发现谷歌地图卫星视图是一个宝贵的研究工具。它通常比产权计划更详尽，表明了该处地点的实际状况，为该处地点的进出以及额外的可建筑区域提供了很好的参考。此外，还可以使用谷歌地图的区域计算器来计算某个地块的大小。

如果有路可以进去的话，谷歌街景也是一种观察房子周围地形的好方法。你还可以察看街景的类型和质量，这有助于了解怎样开发才能赚取最大的利润。弄清楚周边建筑物的屋檐的高度，可以帮助你计算房子能够建得多高，也有助于你了解规划部门可以批准多高的建筑。

4.能效证书（EPC）注册。

能效证书注册特别有帮助，因为它列举了房产的建筑面积，单位是平方米。虽然在销售详情中显示的能效证书以及房地产经纪人的规模并不总是准确的，但其提供了另一种方法来客观评价房产的价值。将平方米乘以10.76，便可得出平方英尺，这会使你更容易以平方英尺为单位来比较你正在了解的房子和其他已完工的房产。把这种评估方法应用到某个特定位置的三套类似的房产，可能是有益之举，从而能够提供准确的评估结果。

5.当地市政委员会的网站。

当地市政委员会的规划部门的网站极为有用，它表明了这个地方的其他人都在做什么。我喜欢试着登录并推测其他的开发商申请了什么、在规划过程中哪些请求获得了同意或者被拒绝。根据这一宝贵的参考，你可以确定你能做些什么。我在做研究并通过经纪人或在拍卖中对某处房产出价时，尤其喜欢参考这个网站。此外，看看市政委员会在使用哪些建筑师或咨询师，也很有裨益，因为这个人将来可以在类似的建筑方案中也为你做同样的事情。

我信任的报刊及其他媒体资源

1.《金融时报》。

这份报纸是日报，拥有一大批经验丰富并了解经济形势的作者，它在很大程度上是代表英国两个党的。和其他的大报相比，《金融时报》少了些哗众取宠，更加注重事实。报社更愿意做自己的研究与分析，而不是直接引用二手的消息。他们的建议和观察很可能是真实的，而且聚焦于城市，会复述街头的谣言。报社的编辑和记者们更加贴近真实的行动，似乎对计算某项改革或政治决策在经济上的后果更感兴趣。

2.《经济学人》。

这是一份周刊，不像《金融时报》那样每天发行，但这份杂志的分析甚至更加深入，会运用更多的经验数据。它提供了更加国际化的视角，学者味更浓，包含一些已经应用了的、涉及详尽历史数据的真正经济理论。例如，《经济学人》将巨无霸指数（Big Mac Index）作为一个非正式的指南（他们说是非正式的，但我觉得并非如此），以计算汇率是否处在基于本金或购买力平价法的正确水平。

3.几个网站。

BBC新闻网站经常发布关于商业和金融业的最新的和当前的爆

炸性新闻，十分有用。

Inc网站是一家围绕商业、创业和企业老板的"生活窍门"而发表评论的网站。文章的作者知道自己在说些什么，并在这些领域中拥有直接的和相关的经验。我读过网站上许多的文章，从中获得了许多启发——尽管只是概念上的。

Business Insider网站和上面介绍的Inc网站一样，能够帮助你清楚地了解以前并不知道的"思想领袖"，接下来，你可以追随他们并熟读他们的文章。

Estates Gazette online是一本房地产杂志的在线版，为你提供与行业相关的新闻和对市场及管制变化情况的洞察。它还发布在售的商业房地产信息。

4."破坏性企业家"播客。

虽然我时刻都得听从合作伙伴罗伯·摩尔的意见，但有些时候，比如在我的休闲时光，我最不愿意听他唠叨，这时我会偷偷地听一下这个"破坏性企业家"播客，尤其对播客制作者采访企业家的内容感兴趣。

5.普通文章。

我花了大量时间愉快地投入研究，远离上述网站和文章，去寻求另一些更加具体的文章。我还发现，脸书上的某些与商业、金融业和投资业相关的群组可能是有用处的，但你必须过滤掉某些"杂音"。

6.公司内务网站。

在英国，公司内务网站是关于公司的各种优质信息的来源。该网站不断完善，现在浏览起来更为便捷，而且提供了对许多公司的观察，你可以投资那些公司，与之做生意或者展开竞争。规模较小的公司在网站中存储的是简式财务报表，即使你进行全面的尽职调查，也无法获得这些报表。规模较大的公司通常被迫要存储更加详尽的信息，而且这些信息是公开的。在确定是否向某家公司提供贷款时，放贷机构会首先核查该公司的资产负债表或者盈利率，再决定是否放贷。对公司已经获得什么样的贷款和融资的深刻分析，也是可以传播的，这样会使你的决策显得更加消息灵通。

7.英国经济与商业研究中心（CEBR）。

英国经济与商业研究中心提供不断变化的经济氛围中的优质房产信息，同时也提供更有针对性的房屋价格数据。该中心并不是机械地重复其他的信息来源，而是创造自己的内容。

8.英格兰银行通货膨胀报告。

这份报告是最权威的信息来源之一，直接来自英国最高层的政策制定者和决策者。报告可从英格兰银行的网站上以视频的方式直接下载，是绕过大多数杂音的很好的方式。英格兰银行对经济有着深刻洞见，其他的市场参与者无法获得。英格兰银行的触手已经伸到经济领域的深处，提供了宝贵的数据库。接下来，这个国家一些最聪明的分析师将对这些数据库进行分析和评估，以确定最佳的行动路线。

显然，英格兰银行的预测不可能极其精准，因为国内和国外的经济中有太多未知的因素可能影响预测结果，尤其是当冲击经济的事件出现时，比如互联网泡沫的破裂、"9·11"恐怖袭击、次贷危机、英国脱欧，以及其他类似的事件或灾难。英格兰银行提供的大多数图片用不同颜色色度的区域来显示，它们描述了特定通货膨胀比率的概率、增长率以及其他经济指标，这些被称为扇形图。关注类似这样的数据，有助于围绕利率的未来走向做决策，而利率的走向与银行借贷及房地产投资密切相关。

9. 经济指标。

在做出商业和房地产投资的决策时，我会监控和使用以下经济指标：

国内生产总值（GDP）是测量经济活动的最常见指标。它是一个测量交易的指标，获取某一经济体内购买的商品与服务的总价值。这一指标的变化，体现了经济究竟是增长还是衰退。英格兰银行通货膨胀报告提供了对未来经济增长的最佳预测，这些报告的信息渠道可能是最多的，结果也被证明最为准确。

消费物价通胀是测量随着时间推移通货膨胀还是通货紧缩的核心指标。同样，英格兰银行通货膨胀报告中包含了这一指标的最佳预测，在其中，通货膨胀可能指的是中期的情况。

富时100指数是测量经济景气程度的一个好的指标。随着经济市场感知到经济活动将会增加，蓝筹公司的利润也会因此增长，富时100指数通常就会上涨。它一般会展望未来一年的形势，因此较好地显示了市场在一年之内如何整体地看待经济活动。富时100指数是衡量未来特定时间点上增长与市场情况的绝佳指标。

不可信的资源

大部分人从他们身边的人那里获取信息。如果你和不适合的人在一起,这种负面影响再怎么描述都不为过。显然,你身边的每个人不可能都非常精通商业和投资,但如果你和精通这些的人交上朋友,你自己会更像他们。如果你身边的人都从《每日邮报》获得信息,而且,对他们来说,投资就好比在街角商店的彩票柜台上买张彩票那么随意和轻松的话,那么,他们可能没有给你提供最好的示范和激励。我们都需要一些可供我们学习和成长的"沃土",因此,如果你的大多数朋友是成功的商界人士,你便更有可能在商界成功,他们身上的个性特点、行为习惯以及丰富的经验,也会在你的身上有所体现。

所以,要避开下面这些不可信的资源。

1. 酒吧聊天。

对于在酒吧聊天时听来的建议或者是由毫无经验的人提出的建议,我们应当置之不理。我在前面已经说过,有必要再在这里重申一下:不要钱的建议,往往也赚不到钱。

2. 所有的小报。

当然,所有小报报道一下娱乐新闻是没有关系的,比如用毫无价值的内容哗众取宠5分钟,将你逗笑,但它的内容与事实毫不相符。由于在我创作本书时,《每日邮报》的网站已经成为最受人们欢迎的新闻网站,因此,它本质上是一个主流大众媒体,但它具有明显的小报气质。我刚刚查找了一下今天的《每日邮报》电子版,找到一个这样的大标题："呃，尴尬！曼联球星吉格斯在家庭度假期间与他已分居但尚未离婚的妻子日光浴，两人隔着游泳池相对而坐。"不用多说了，别信这些，哪怕有人引诱你信它。

3. 某些大报。

由于大报看起来总是可信的，因此，相信某些大报的内容，可能是危险的。它们的许多新闻记者对自己报道的内容并不具备相关的知识，很多的信息来源对他们来说具有既得利益，而且许多文章实际上就是软广告。某些大报很少提供独家的信息，通常是反刍来自其他的书报杂志和普遍认可的智慧（不是反常规）中的信息。不过，一个重要的例外是《金融时报》。

> 如果一份出版物变得太过主流，它将违反反常规的理念。因为它面向大众，可能出现了偏差并变得哗众取宠，而任何的秘诀，已经在资产或创新的价格中得到了充分的体现，变得过于受人欢迎，不再有什么新意。要警惕各种各样的分享秘诀的人，也要谨慎对待主流出版物上的买入、持有或卖出的建议。

你是哪种类型的投资者或企业家

并非每个人都想从商业和投资中收获同样的结果。我以往用自己的标准来评判别人,以为人人都想缔造庞大的商业帝国。由于我已经创建并扩大了培训公司,因此加深了对这方面的了解。如今我意识到,有些人想要创建更加注重"生活方式"的企业,另一些人想要一份兼职的生意,还有些人则渴望像企业家那样,却拿着固定的工资,过着安逸的生活。不论你看起来更像这里描述的哪一种人,仍然可以运用反常规理念,在商业和投资中通过逆向操作而盈利。为了你的整体生活方式和幸福,也为了选择阻力最小的盈利途径,最好是认真考虑你更喜欢哪种途径,而不管你是否想把它作为将来进军其他领域的跳板。

假如你没有清晰明确地意识到自己想要什么以及是什么类型的企业家,那么这通常也是你觉得挫败或者不知所措的原因,而且导致你产生自我怀疑或漫无目标的感觉，当你拿自己和别人对比时，会觉得自己进展太缓慢，也会遭遇拖延症和其他方面的阻力。

这里介绍三种类型的投资者或企业家，并分析三者之间的区别。

帝国缔造者

帝国缔造者所做的一切，都是为了创建帝国。他们想做大：大企业、大型投资组合。他们甘愿冒巨大风险，喜欢谈判，并在做生意时富有创造性。帝国缔造者通常具有竞争意识，以保护他们的财富与资产，而且乐于侵略性地进行杠杆融资、合资经营和拆借资金。他们通常是颠覆性的，可以制造混乱。他们也是出色的启动者、驱动者和缔造者，持续不断地受到目标和增长的驱动。对帝国缔造者来说，永远不会有足够大或足够快的时候，他们的企业以及事业以外的生活，通常像过山车那样充满着巨大的冒险，正是这种刺激感，使他们觉得生机勃勃。

生活方式投资者

生活方式投资者最渴望自由和有选择，不希望被巨额的日常管理费用所累。他们工作是为了生活，而不是反过来——活着是为了工作，他们渴望被动的收入，如果可以交换到自由，他们宁愿接受小一些的资产规模和少一些的净值财富。他们（需要）更加欢迎自动化和系统化，而不是大规模扩张。他们不会总是奋力拼搏，也不会永不满足，而是想要秩序与控制，不希望看到杂乱。他们期望"一劳永逸"和轻松的生活，以便在喜爱的地方、喜爱的时间，做更多自己爱做的事情。他们可能有一点点理想化，对真正可持续的经商或投资的各个要素有一些天真的想法，而且可能会轻浮地对待这些。但他们善于摆脱其他人的经营方式的束缚，并且善于杠杆借贷和外包。

内部企业家

内部企业家是那种想要自主权和创造性，渴望自由决策并受人尊重的人们，但他们不愿意冒险去创办自己的企业。他们喜欢领导他人，但不一定必须这样做，他们不像帝国缔造者那样需要太多的赞美，也不想要时富时贫的生活方式。他们可承受的风险的门槛较低，可能要抚养孩子，面临一些他们觉得短时间内不能压缩的日常开支，或者，他们也许尝试过，但没能成功地创办自己的公司。他们还喜欢与他人及团队和谐相处，通常不希望把自己关在家里单干。他们想要自由，但作为团队中的一分子，也会尊重其他人的权威性。也许他们喜欢自己拥有的工作，因此更适合兼职的收入和业务。他们往往比上述两类人（帝国缔造者和生活方式投资者）更加有耐心，正因为如此，不得不接受较低的收入或者较小规模的成功。

你是哪一类人？有没有可能是这种情况：你现在属于某种类型的人，但将来可能变成另一种类型的人？也许你还是多种类型的合体，或者有时候是这种类型，有时候又是别的类型？我希望这一节将帮助你变得更加了解自己,也有助于你理解投资者/企业家并不是只有一种类型。知道了这些,你可以相应地选择你乐意的生活方式、缔造你想要的商业帝国或者找准你的角色定位,同时做好你自己。做最好的自己,总是最佳的选择。

平衡风险

我是在一个企业研究生计划中开始我的职业生涯的。这么做是为了积累经验,同时,我也十分乐意当一名职员。不过,这种满足感只维持了较短的一段时间。我亲身感受了更高级别的高管都拥有些什么,但那并没有引起我的兴趣。他们没有足够的财富或商业头脑来拥有大型的公司;他们对自身的岗位不满意,职业上升的机会也有限。于是,我在一家房地产公司中谋得一个职位(那是在创办"进步房地产公司"之前),在那里,我更像是一名"内部企业家"。我比从前更多地注重决策的问题,学到的东西也多得多,乐享更大的自主权,不过到最后,我仍然只是一名员工。虽然我并不急于冒险,但假如发展到某个阶段,我会去冒险。于是,2005年年底,我不得不这样做了,成为一家企业的老板。我喜欢缔造自己的帝国,但不像我知道的许多极端的帝国缔造者那样对冒险如饥似渴,因此,我也许是前面介绍的三种类型的合体,主要是帝国缔造者,又兼具另外两种人的性格特点。

我的一位老友——他的名字叫弗兰克,我喜欢称呼他为"老友",他和我每年都会组织一次出国旅行。在我们17岁那年,来到了尼泊尔去见我的父母,他俩当时住在那里。我的老友从小就被父母反复灌输反常规心态，他注意到，这个国家对车辆驾驶的管制似乎没有英国那么严格，而且额外的小费能发挥很大的作用。一天晚上，我俩从外边吃饭回家，老友招手拦停了一辆出租车，并对我说："看我的！"他一边用磕磕绊绊的尼泊尔语跟司机交谈，一边在自己的口袋中翻找出一叠卢比交给司机。犹如奇迹一般，出租车司机从驾驶座上走下来，坐到副驾驶座上，而弗兰克则钻进驾驶座，冲我大喊："上车，我开车！"然后开车把我们送到了家。

在那个星期接下来的时间里，直到我们学会骑脚踏式人力车之前，我俩一直是这么干的。不过，脚踏式人力车似乎更有趣一些。一天晚上，弗兰克在骑人力车时，难以沿着直线骑下去。随着我一声大喊："现在向右转！"没想到人力车的一个轮子掉了下来，滚进一条水沟中，一下子把人力车的车主和我甩到了路中间。不用说，为了应对这个小小的意外，我俩不得不多花了一些钱，因为要赔偿扭弯了的轮子、摔碎了的车灯，还有扯烂了的衣服！显然，我们将反常规的理念用过了头，遇到困难了。我们追求一个高风险的选项，还没等自己熟练掌握，便稍稍提前上路行驶，却将我们自己和别人置身于危险之中。我们学到了一个宝贵的教训：反常规的原则首先要运用在风险较小的事情上。

| 投资者和企业家自我精进的3个步骤 |

如果说有什么可以取代所有的商业和投资的决策与成果，并且凌驾于它们之上的话，那就是你。你的企业中的文化及其产生的结果，从一开始就该由你自己全面负责，而且这体现了你是什么样的人、你怎样经营，以及你个人的行为。企业只会以你自己成长的速度来发展壮大。你的投资带来的回报，与你在面临决策和面对市场波动时研究、分析、控制情绪的能力，是成正比的。

多年来我了解到，发展企业和增加净值财富，最大的好处是它们，抑或通过你犯的错误，抑或通过你取得的成果而真正迫使你成长。你要么赚了钱，要么受到了教训，而这也正是我喜欢当企业老板的原因：你对企业的发展完全负责并完全掌控，但你本人必须成长。我发现，下面这些方面是你必须面对的，也是必须经过压力测量的，你学习和掌控这些方面的能力，决定着你会在多大程度上取得成功。

- 真正地了解你的优势与劣势。
- 能够接受批评和迎接挑战。
- 控制情绪。
- 乐于寻求和接受他人反馈的意见和建议。
- 能够放手并拒绝。
- 能够在招聘和扩张方面走自己的路。
- 关心和重视你的员工与客户的需求,把它们摆在比你自己更重要的位置。
- 通过市场、创新和颠覆来发展。
- 能够让自己在诸多领域置身于杰出人士之中。
- 在自我价值较高和较低的领域内控制好你自己。

以下会更加详细地介绍这些,也就是通过深入了解你自己来熟练掌握商业的三个阶段。

自我意识

你对你自己的优势和劣势知道多少?你是过度发挥还是没有充分发挥自身优势?其他人对你的看法,以及其他人对你的优势与劣势的看法,你了解多少?你是否知道自己在什么时候精力充沛,什么时候又精神低落?你知不知道自己在这些时候正在完成什么任务?你是否了解并且能否清晰阐述你的价值观,以及你接受的并且不会反对的目标？你喜欢做什么？你想利用杠杆借贷来做什么？你经常犯的错误有哪些？

这是一个持续不断的过程，但你对自己了解得越多，就越是能够发展你的企业。不停地问自己一些好的问题，发现自己遇到了不曾料想的事情时，或者当自己被逼到墙角时，从这些问题中寻找答案。了解你自己经常犯些什么错，比如对太多的事情都来者不拒、由于想摆脱某个人而不是因为它是正确的决策而同意某件事情、因为你觉得自己可以处理好而让自己过多地投入某件事情、接受你不喜欢的或者被证明会搞糟的任务，诸如此类。接下来，准备好你的系统、流程和决策，这意味着你自始至终都得做好准备。

例如，我知道我每周至少得跑步3次，我知道我每晚至少得睡8个小时，我知道我每天必须有1~2个小时完全不被别人打搅，我知道我需要一辆敞篷车，我知道我讨厌购物，我知道我不喜欢决定该穿什么衣服。这些也许和你没有关系，我只是在举例子，以帮助你思考你在将来的某种情形中将做出怎样的反应，以及怎样才能预先做出将给你带来最好结果的战略决策。

自我学习

你越是了解自己的习惯、行为、反应以及你信奉的"主义"，也就越是知道自己需要在哪些方面投入精力和时间，或者在哪些方面要完全外包。你花多少时间和精力来提升你自己？是不是将不擅长的事情外包，将它们交给那些比你更适合的人去做？你的身边有没有一个适当的、与你的个性特点形成互补的团队？你是挑战自己，还是让自己身边充满那种只是随声附和你的人？你有没有一些水平比你更高的导师？你是否每天都看报刊和听音频？你是不是不断地用发展你的企业需要的相关培训课程来填补你的大脑？

我承认自己一直以来对钱比较小气。我更喜欢保护资本，不愿花钱甚至不愿投资，难以看到金钱无形的好处。我喜欢所有权，喜欢拥有实物资产，这也许是我如此钟爱房地产的原因。但要在一次研讨会上或者一位导师身上投入几笔大钱，对我来说似乎是轻率的举动，其效益难以评估，而且给我的感觉完全是陌生的。后来，我将自己一定数额的资本留出来（留出一定百分比的资金），投入无形资产中去，比如培训课程、导师的指导、我的健康与幸福、旅行，诸如此类，一举解决了自己在这方面不愿投入的问题。这样一来，我便可以向自己证明花这些钱是值得的，同时也可以检验和测量我准备冒险投资的资本带来的效益。

很快，我清晰地发现，一些优质的信息可以产生巨大的回报——特别是当你的企业在增长而那些信息可以帮助你扩展时。同时，一位优秀的导师或者你的朋友圈子中的某个人可以极大地减少你犯的错误。由于我认定为导师和专家的人能在我涉足任何投资之前看到一连串的证据，因此他们格外重要，有助于我个人的成长（因而也有助于我的公司的发展）。这让我懂得，我不但要关注个人的发展教育中无形的投资成本，还要关注不去做这些时的机会成本，这跟我对待资产和资金的方式很相像。这是我在过去十年里做出的一项重大改变，使我和我的公司都受益匪浅。

自我掌控

一旦你了解了自己并且在能力提升方面投入时间、精力和金钱，便可以真正地、更加深入地理解自己。可以根据自己的精力状况来安排一天的活动，甚至可以让你的助理来安排一天的事务，以便他可以猜测你的想法。你可以经常性地挑战自己，即使成长了，也将自己置身于安全但并不舒服的局面之中。要持续不断、持之以恒地完善自己，发展壮大自己的公司，不要只在情况不对劲的时候才去纠正。要优雅地接受他人的反馈，着眼于从所有人身上学习，不管你的内心对他人是什么感觉，都要主动寻求那些质疑你的而不是赞同你的人的反馈意见和建议。要充分发挥团队成员的优势，将工作任务授权给他们，用你的愿景来鼓舞他们，并且尽你所能在他们的职业生涯中以及为其他人服务的过程中支持他们。要知道如何在人生的不同方面把握好较高的自我价值与较低的自我价值之间的平衡，要知道你的较高自我价值什么时候将有益于你，什么时候你的自我或者自信又溜走了。你要谦虚地知道自己并不擅长哪些事情，从不去假装自己很擅长，而当你实际上比你以为的自己更出色时，也要敢于给自己点赞。

虽然个人的成长和公司的发展是永远没有尽头的，但如果你遵循这些步骤，你的公司将变成一家可持续地增长，并且面向未来的公司。我在这本描述商业和投资的书中着重提到个人发展，因为你就是你的公司，你的公司也就是你。

后记

该说的也说了，该做的也做了，总的来讲，说的比做的更多，知道而不去做等于不知道。感谢你花时间读完了这本书，了解了商业和投资中的反常规理念。我希望你已经找到一些可以"拿来即用"的措施和方法，它们将帮助你扩充资产、发展企业、获取收益。多少年来，由于害怕冒险，我一直在等待时机创业和投资，而且终日忧心忡忡。尽管在这些领域打拼并不总是件容易的事情，但也是值得的，而我唯一后悔的是没有更快地尝试冒险。现在，我把接力棒传递到你的手中，你可以长期采用这些策略和方法，然后将它们传承给下一代，使他们继续沿着这条道路走下去。享受这一旅程吧，并且保护好你的资产——把每一个铜板都当成囚犯牢牢看紧，绝不轻易释放。

马克·荷马

作者简介

马克·荷马十几岁时就开始在学校里涉足商业和投资。他曾买卖过汽车,赚了一些钱,并在互联网发展的早期经营过一些公司。受到他父亲的鼓励(他父亲会告诉他做什么和不做什么),马克不停地存钱、投资并过着俭朴的生活(在27岁之前一直和他母亲生活)。到2003年时,他攒下很多钱,多到足以开展他喜欢的房地产投资业务。于是,马克在二十岁出头时便开始购买第一批房产。他在自己所写的《低成本高生活》(*Low Cost High Life*)一书中分享了他的人生理念:享受可承受的奢侈。这一理念也构成了他的商业与投资业的聚焦点。马克要从他花掉的或者投资的每一分钱中获取价值,有时候甚至到了古怪和极端的地步。他把自己的这个性格特点归因于他的父亲。

自2003年以来,马克筹划购买了大约650套房产,然后与人合伙创建了"进步房地产公司",以管理大部分房产。他还是一家培训企业的共同持股人,该企业资产达到8位数,主营业务是房地产、商业以及个人发展。他是一位喜欢系统研究和分析的"极客"（因为他讨厌被人称为专家），善于钻研细节，强于对商业和投资的研究。他经常在刊物上发表评论，包括《每日电讯报》、《华尔街日报》以及《国际财经时报》等，还频频在英国广播公司的节目和英国独立电视台的《黎明》节目中亮相，并与人合著了关于房地产的著作《房地产投资的秘密》(Property Investing Secrets)。马克经常围绕商业、房地产业和金融业等主题发表公开演讲，并在这方面保持着吉尼斯世界纪录。

  2005年，他退出了在大公司中的激烈竞争，再度进行房地产投资并摇身变为企业老板，成为一位身家数百万英镑的低调富翁。他信奉保护资本、长期投资，不主张在各种商业模式和投资潮流中变来变去（那样的话，你不可能在自己投资的资产类别中赢得强劲的发展势头）。他强调，生活绝不能入不敷出，应当将闲置资本用来投资，而且只用那些来自资产而不是资本中的收入来偿还债务和购买日用品。